高等职业教育教学创新

赵杰民 ◎ 著

吉林出版集团股份有限公司

图书在版编目（CIP）数据

高等职业教育教学创新/赵杰民著.—长春：吉林出版集团股份有限公司，2023.8
ISBN 978-7-5731-4147-7

Ⅰ.①高⋯ Ⅱ.①赵⋯ Ⅲ.①高等职业教育－教学研究－中国 Ⅳ.①G718.5

中国国家版本馆CIP数据核字（2023）第161200号

高等职业教育教学创新
GAODENG ZHIYE JIAOYU JIAOXUE CHUANGXIN

著　　者	赵杰民
责任编辑	滕　林
封面设计	林　吉
开　　本	787mm×1092mm　1/16
字　　数	205千
印　　张	13
版　　次	2023年8月第1版
印　　次	2023年8月第1次印刷
出版发行	吉林出版集团股份有限公司
电　　话	总编办：010-63109269
	发行部：010-63109269
印　　刷	廊坊市广阳区九洲印刷厂

ISBN 978-7-5731-4147-7　　　　　　　　　　　定价：78.00元

版权所有　侵权必究

前　言

随着国家职业教育改革实施方案的提出，高等职业教育的教学质量受到更多的关注，其教学模式的创新改革受到普遍重视。课堂教学作为重要环节，结合国家当前的创新驱动发展战略，高等职业教育的课堂教学也需要以创新驱动教学质量的提高。

创新教育是时代赋予高职院校的使命，也是高职院校实现自身发展的必由之路。本书从高职院校教育自身特点出发，结合当下高职院校教育发展的大背景，立足社会需求，改革高职院校的教育管理模式以及管理机制，从而使高职院校教育更好地适应高等教育改革和自身的发展需要，为社会培养更多的实用型人才。

高等职业教育是现代教育体制的重要组成部分，是人力资源开发的重要手段，是经济振兴的有力武器，是推动社会进步的巨大动力。高等职业教育的目标是培养具有良好职业道德和一定的理论基础、技术过硬、应用能力强、掌握高新技术、能参与生产一线技术管理工作的高级技术应用型人才。高等职业教育的根本任务是将学生培养成为具备各种专业特长、符合市场需求的应用型人才，以适应经济建设和社会发展的需要。

本书在写作的过程中参阅了很多相关文献资料，受到巨大启发，获益颇多，笔者在此对这些文献资料的作者表示最诚挚的谢意。由于编者水平有限，书稿难免存在一定的不足与缺陷，希望广大读者多提宝贵意见，以便我们不断改进和完善。

目 录

第一章 高职教育理论 ……………………………………… 1
第一节 高职教育的意义与任务 ……………………………… 1
第二节 高职教育的方法与构想 ……………………………… 9
第三节 教学管理的体系与模式 ……………………………… 15

第二章 高等职业教育的专业设置 ……………………… 25
第一节 高等职业教育的专业设置 …………………………… 26
第二节 高等职业教育的培养目标 …………………………… 32

第三章 高等职业教育教学的理念创新 ………………… 40
第一节 高等职业教育教学理念创新的缘由 ………………… 40
第二节 高等职业教育教学理念创新的思路 ………………… 44
第三节 高等职业教育教学理念创新的举措 ………………… 60

第四章 高等职业教育教学的管理创新 ………………… 69
第一节 高职院校文化管理创新 ……………………………… 69
第二节 高职院校学生管理创新 ……………………………… 77
第三节 高职院校考试管理创新 ……………………………… 91

第五章 高等职业教育教学的发展创新 ………………… 104
第一节 寻求高等教育路径现代化 …………………………… 104
第二节 推进高等教育治理现代化 …………………………… 113

第六章　高等职业教育的专业人才培养模式 …… 121
第一节　高等职业教育培养目标的定位 …… 121
第二节　高等职业教育人才培养模式的问题与改革 …… 128
第三节　高等职业教育人才培养模式的比较与启示 …… 136
第四节　高等职业教育"1+X"人才培养模式 …… 142

第七章　高等职业教育云平台应用实践 …… 146
第一节　认识云教育 …… 146
第二节　教育云平台在高职院校教学融合中的应用 …… 161
第三节　基于云平台的"3微3步1分层"教学 …… 164

第八章　高职"双师型"师资队伍建设，提升教学创新能力 …… 171
第一节　"双师型"教师的内涵 …… 171
第二节　高职院校"双师型"师资队伍建设现状 …… 181
第三节　"双师型"师资队伍培养途径和模式 …… 190

参考文献 …… 201

第一章　高职教育理论

第一节　高职教育的意义与任务

一、高等职业教育是经济社会发展和科技进步的需要

我国高等职业教育起步相对较晚，但随着社会经济的发展，它的作用越来越被人们所认可。

随着高新技术的迅猛发展，我国生产力水平迈上了一个新台阶。我国的产业结构调整和技术结构升级进入一个新的阶段，这一切都要求劳动力和专门人才结构随之做出调整。

与此同时，经济结构的调整和科技的进步使得社会职业岗位的总体结构发生变化。高新技术的广泛应用，产生了许多与高新技术有关的职业岗位；第三产业的蓬勃发展，使社会职业岗位分布出现了新格局，产生了一系列新的职业岗位；原有的职业岗位出现了既有分化又有复合的现象。社会职业岗位除分化外，还出现了不少智能结构呈复合特征的职业岗位。这种复合有两种类型：第一类是技术与技术的复合，如机械与电气的复合产生机电一体化的岗位；第二类是技术与技能的复合，如加工中心编程、操作、维修等岗位。这些岗位中，高职学院教学管理技术知识与操作技能已成为不可分割的整体，因而形成了独立的智能型职业岗位。无论是高新技术发展所产生的岗位，还是第三产业兴起而增加的岗位，它们的技术含量和智能水平都比较高。

职业岗位在技术水平上的分化，既是岗位技术幅度的加大，又是岗位技术层次的延伸。职业岗位的复合导致岗位技术成分的提升和劳动内涵的丰富，这一切都促使职业技术教育层次的提高，出现职业教育由中等层次向高等层次上移的发展趋势，进而产生培养高级技术型人才的高等职业技术教育。

随着经济的发展和科学技术在生产中的广泛应用，生产和管理中科技含量的提高，生产、建设、管理、服务一线的高等技术应用型人才成为科学技术转化为现实的生产力、全面提高经济效益和产业结构调整的生力军。而科技进步和国际竞争的压力迫使企业对毕业生的个人素质与职业能力提出了更严格的录用标准。一些企业已认识到科技强企的重要性，对选聘人员的知识、能力、素质结构进行综合评价，从客观上要求我国要注重发展高等职业技术教育，为社会经济发展和科技进步提供必要的技术劳动力支撑，为科技向生产力转化提供条件。

二、高等职业教育是我国高职教育结构改革的需要

我国高职教育取得了举世公认的成就，为经济建设培养了大批专业人才，但同时也暴露出一些与经济发展和社会需求不相适应的问题，例如无法满足公民自身全面发展的要求等。我国高职教育进行了结构调整，加快了教学领域的改革，积极探索培养应用型人才的办学模式，取得了明显的改革成果，为我国高等职业技术教育的发展带来了新的生机。

高等职业技术教育是现代高职教育结构中的重要组成部分，它的出现是我国高职教育结构调整的结果，是造就一大批高层次技术应用型人才的重大举措，也是科教兴国战略的重要组成部分。

根据《中华人民共和国教育法》（2006年修订）和《中华人民共和国职业教育法》（2022年修订），努力建立符合我国国情特点的职前与职后教育培训相互贯通的职业教育体系，使初等、中等和高等职业技术教育与培训相互衔接，

并与普通教育、成人教育相互沟通，协调发展。一是职前与职后，即职业教育与成人教育的沟通；二是中等与高等职业技术教育的沟通，使中等职业学校的毕业生享有与普通高中生同等的深造机会，为将来的发展创造更好的条件；三是职业教育与普通教育的沟通，为中职毕业生提供多种形式的继续学习深造的机会。这是我国职业教育走向成熟的重要条件之一。

三、高等职业教育是我国未来人口结构变化的要求

将沉重的人口负担转化为强大的人力资源优势是我国实现现代化的必由之路。另外，九年义务教育的普及，公众自身对接受更高层次的教育也提出了新的要求。发展高等职业技术教育是适应高职教育大众化的重要举措，是提高国民素质、增强国际竞争力的根本出路，是我国高职教育适应未来人口结构变化做出的必然选择。高职高专院校教学管理的基本内容，一般包括教学计划管理、教学运行管理，教学质量管理，教师队伍管理，实验室、实训基地和教材等教学基本建设管理。

综上所述，高职教育的教学管理可以归纳如下。按照高职教育的客观规律和特点，依据高职教育的人才培养目标要求，对学校教学活动进行有计划地组织、安排、控制、监督而全面实施的过程。

四、教学管理的总任务

高职院校教学管理的总任务是根据国家的教育方针、办校原则和有关政策，按照培养目标的要求，充分利用高职院校的人力、物力、财力及环境等条件，进行计划、组织实施、监督检查、指挥协调、控制质量，培养高质量的合格人才。总而言之，教学管理的总任务是在教学过程中努力建立稳定的教学秩序和科学的管理制度，保证培养目标的实现。这是教学管理活动的出发点，也是一切教学管理活动所要达到的预期目的。教学管理系统的一切工作，必须围绕它来进行，并为完成这个总任务服务。

（一）制订学校的教学工作规划

制订学校的教学工作规划应包括明确的指导思想和奋斗目标，提出实现目标的措施和程序。一个学校必须有自己的奋斗目标（长期或短期），才能使学校的教学工作有一定的依据，并对全校师生起着组织、鼓舞、动员和激励作用。确定教学工作的奋斗目标，主要是确定学校的发展规模和速度，以及培养人才的数量和质量。

1. 调查需求

调查需求就是要调查分析市场经济和社会发展的需要。我国现有人才短缺和供求矛盾的状况，我国现有生产力发展和财政上可能提供的教育投资，学校的校舍、仪器设备、图书资料、师资力量可能达到的程度等都是需要调查分析的内容。只有胸怀全局，才能做好教学发展规划。

2. 预测趋势

预测科学技术和经济建设发展的趋势。由于人才培养周期长，要考虑当前和未来社会生产结构、各行各业、各门学科的发展趋势，来确定培养什么样的人才，需办什么新专业，如何改造和调整现有专业，确定什么样的科研方向，教师从哪个方向培养和提高等。

3. 借鉴经验

要借鉴教育和教学上的经验，主要了解和掌握高等学校教学规律和教育发展的历史进程，使规划符合客观的规律性。

4. 实事求是

拟订教学发展规划和确定奋斗目标，一定要从本校的实际出发，遵循改革、发展、稳定的原则，采取积极发展的态度，既要看到社会经济发展对人才的需要，又要看到需要与可能的矛盾，从实际出发确定发展规模和速度，强化办学的必要条件和基本条件，保证教育质量的提高。确定教学目标和制订规划过程的可行性。

确定教学工作目标和制订规划是一项决策性工作，需要制订各种方案进行比较和优化，选择最佳方案，并编制执行计划，在执行过程中通过反馈情况不断地加以调整和修改，使教育目标和事业发展规模更加切合实际。

（二）建立科学的管理系统

建立一个科学的管理系统，把学校的人力、物力、财力、时间、空间合理地组织起来，保证教学的稳定、信息的畅通、工作效率的提高，并协调教学与科研、产业、后勤等各部门及各环节的相互配合和衔接。在管理系统中，必须明确各工作岗位的职责和各级教学管理人员的相互关系，既做到职责分工分明，又做到各岗位之间的密切配合，以保证计划的顺利实施。

（三）正确管理教学管理人员

教学管理的一个重要职能就是正确选择、考核、培养教学管理人员，把适当的人员安排在合适的岗位上，使其发挥聪明才智。管理人员素质的提高和智力的开发是提高办事效率的重要途径之一，而教学管理人员长期在教学管理第一线，政策性与原则性要求很高，工作十分繁重，故而必须制定选拔、使用与考核制度，采取有效措施进行培训，提高他们的思想水平和工作能力，发现人才、培养人才，把德才兼备的人员推荐到领导岗位，这是搞好教学管理中一项具有战略意义的工作。

（四）对管理工作实施检查和指导

要实现教学管理的目标，实施各项管理任务，教学管理人员必须善于运用教育法令、法规指导师生的教学行动，善于同教师建立良好的人际关系，取得他们的信任，倾听他们的意见，充分调动教师和学生的积极性，在民主管理的基础上集中进行，运用自己的威信和权力，及时地提出工作方针和计划，指导工作方法、检查工作的效果。教学工作只有布置而无具体的指导和严格的监督、检查，则无法搞好管理工作。

（五）管理工作要形成信息反馈和控制过程

要按信息和控制论的观点，把教学工作的目标确定为标准行动。信息反馈就是通过实际行动达到工作目标，作为信息系统的输出，反馈回来与原来规定的总目标和总标准进行比较，及时地发现偏差，加以调整和纠正，调节管理过程，进行有效管理。为了有效地进行控制，必须建立信息反馈制度，保证信息的畅通。这里所谓的信息主要指两方面：一是数据、指标、报表总结、决议、规定等；二是各类人员的教学思想状况、工作态度和相互关系等。衡量一个管理信息系统是否健全的重要标志之一就是外部信息和内部信息的传递是否准确和迅速。信息失真就会使领导的决策失误。信息反馈控制是现代管理中非常重要的手段，没有畅通无阻的信息反馈，也就无法对教学的各项活动进行有效控制，教学管理就会一塌糊涂，其教学目标也就无法实现。

（六）管理工作就是协调和服务

管理就是指挥，而指挥就是协调，协调就是服务。教学管理就是要指挥和协调各系、各部门的教学工作，为师生服务，调动师生教学的积极性和主动性，把他们的行动统一到教学工作的总目标上来，为提高教学质量而努力。

（七）管理工作必须不断改革创新

随着教学改革的不断深化，创新越来越成为教学管理的一项重要职能，如果教学管理工作只限于继续做那些已经做过的事情，墨守成规，不去改革创新，这将是危险的。显然，从本质上来说，高职院校的教学管理不是适应性的工作，而是创新性的工作。

教学管理还有其他一些职能，但主要的就是决策和用人。教学管理的决策是战略问题，是全局问题，如果决策错了，具体工作管理再好，教学质量和教学水平也谈不上提高，所以有的管理学派认为管理就是决策；教学管理的用人是战术问题，即使决策正确，如果管理人员配备不当，任务也是不能完成的，也就无法实现总目标。在现代化管理中，人仍然是决定性因素，所以有的管理学派把管理定义为对人而不是对物的管理。

教学管理的总任务是从全局高度制定的，它具有全局性和整体性。要完成这个总任务，还必须确定教学管理的具体任务，通过完成这些具体任务来完成教学管理的总任务。

五、教学管理的具体任务

及时学习和了解当今世界新技术革命的发展趋势和国家经济建设的新形势，掌握社会对高职院校培养人才的需求特点，从高职院校的实际情况出发，汲取国内外职业教育的先进经验，认真研究专业设置、教学计划、课程体系、教学大纲、教学方法等方面的现状、存在的问题和改进调整的最佳方案，勇于创新，大力加强和深化教学改革。

从教学过程的实际出发，分析教学过程中的各个环节和指导思想是否符合教学规律和教育目标的要求，发现问题，及时采取有效措施，进行正确的引导和必要的纠正，帮助教学人员树立正确的教学观点。高职院校教学管理人员要经常深入教学实际，研究和掌握教学过程中的具体情况和问题，把握教师的教学思想，看其是否符合国家的教育方针，是否符合高职教育培养目标，在日常教学活动中，教学管理人员要坚持高职教育教学工作管理的原则，正确处理理论与实际，教学与生产、科研等方面的关系。

根据教学规律、教学大纲、教学计划、上级要求及高职院校的实际情况，建立健全教学工作的各项规章制度，制订各项教学工作的具体计划并认真贯彻落实，从而稳定教学秩序，优化教学环境，保证教学任务的完成和教学效果的提高。要建立与维护良好的教学秩序，教学管理人员必须遵循各项教学工作管理原则，按照一定的程序，运用一定的管理手段，对教学工作统筹计划，适当安排，使理论教学、实践教学以及各种教学活动有层次、有计划、有步骤地协调进行。在管理过程中坚持执行岗位责任制，以保证教学工作各个环节的相互衔接和正常运转。任何学校及教师不得任意停课或抽调学生从事教学以外的活动，任何教师也不得随意修改经学校批准的教学计划或课题，这是维护学校正常教学秩序的必要条件。维护学校的正常教学秩序，教学管理人员必须加强科学管理，建立健全各项教学管理制度，本着"赏罚严明，为治之要"的精神，对"教"和"学"两方面进行严格考核，有奖有罚，促使教学工作不断向前发展。

充分调动教、学双方的积极性，发挥教师的主导作用，增强学生的学习自觉性和主动性。运用科学的质量管理理论、方法和手段，研究制定教学质量标准和评估办法，依据教学质量标准，对教学工作进行科学的、严格的质量检查和有效的质量控制，确保教学质量的提高和教育目标的实现。对教学工作经常进行监督检查，对教师执行教学计划、完成教学大纲的情况以及备课、上课、批改作业、辅导、考试等情况，通过听课、检查教案和作业以及召开各种形式的座谈会等手段，及时了解情况，获得信息，采取必要的措施，使教学质量不断提高。同时对学生的学习态度、课堂秩序、学习方法和效果进行及时检查，通过检查不断地调动教师和学生的积极性，保证培养目标的实现。

做好图书资料、科技信息、教学档案、仪器设备、实验与实训场所的管理工作。

通过各种途径和方法，定期了解毕业学生和用人单位对高职院校培养人才的意见和建议，认真分析研究，合理运用意见和建议，作为改进教学管理、调整培养计划、提高教学质量的客观依据。

协调教学工作的内外关系，保证教学工作计划的顺利实现。高职院校教学工作层次系列多、涉及面广，较院校的教学管理工作更为复杂和困难。因此，在管理过程中要注意随时协调教学部门内部及部门之间的相互关系，使党政工团、教学、生产、科研、后勤等方面协调一致，通力合作，确保学校教学工作计划的顺利实现。

加强教学研究，不断改革教学工作。要使职业技术教育符合时代的要求，更好地为经济建设服务，教学管理人员必须加强高职院校教学管理学研究，在管理内容、管理方法、管理形式和管理手段上不断改革创新，使教学管理工作逐步科学化、现代化。

上述各项具体的教学管理任务是教学管理总任务的组成部分，虽然有其相对的独立性，但它们之间是相互联系的。因此，要实现教学管理的各个具体任务，既要在教学管理总任务指导下，有计划、分阶段、按时序地进行，又要进行有效的协调控制，处理好它们之间的关系。

高职院校教学管理是一门新学科，是高职教育学、职业教育学和现代管理科学相互交叉而形成的一门应用性很强的学科。我国高职教育学、职业教育学和现代管理科学近年来才逐步发展，高职院校的教学管理学科更是处在起步阶段，它作为一个独立的体系还不成熟，许多问题有待研究。我们应从工作出发，结合教育科学和管理的基本理论去探索教学管理应遵循的规律。

第二节 高职教育的方法与构想

一、高职院校教学管理的研究对象

高职院校教学管理是从教育的原理出发，研究教学的本质、目的、制度、内容、基本原则；研究高职院校的事业规划、培养目标、专业设置、教学计划、教学环节、教学内容、教学方法和手段、教学质量等各项工作中的管理原则、制度和方法。亦即在社会活动和公共活动中，从教学管理角度提出目标，并为这一目标准备必要条件，以促使其完成。通过研究教学管理的实践活动，帮助教师按教学规律去组织教学过程，以最合理的方式和途径，最大限度地发挥高职院校的人力、物力、财力、时间、空间和信息的作用，最有效地出人才、出成果，以利于教师的使用、管理，教学质量的提高和校风的培养。

二、高职教育教学管理的研究方法

高职教育教学管理有自己特定的研究对象，其研究方法必然带有多门学科研究方法的烙印。根据教学的特征，在进行研究时必须坚持以下三点。

（一）坚持联系实际的观点

教学管理是属于教育的范畴，教育是一种十分复杂的社会现象，既有上层建筑的属性，又有社会生产力的属性，还有与社会其他生活有关的属性，教育与整个社会生活的各个方面都有关系。我们研究高职教学管理，就要从它与社会其他部门，如经济、文化、科学技术等各个部门之间相互依存、相互促进、相互制约的关系来研究。社会的生产力发展水平、科学技术的水平及其发展速度、社会的经济制度、国家政权的性质对教学管理都有重大影响。搞好高职院校教学管理的一个重要前提就是要切实了解在一定的历史时期这些关系的具体内容，而不能离开社会孤立地考察教学管理的问题。

（二）坚持发展的观点

一定的教育制度和管理体制都是社会发展到一定历史阶段的产物。判断一种教育制度和管理体制的优劣，必须根据一定发展阶段的时间、地点和条件来分析和考察。要防止把某种教育制度、管理体制绝对化，看成尽善尽美的模式，一切事物都在发展之中，教育制度、管理体制也在发展之中。我们应在发展之中把握发展趋势，摸索、选择适合当时、当地具体情况的教育制度和管理体制，而且还应随着社会其他部门（如经济、文化、科学技术等）的发展而自觉地调整教育制度和管理体制，使之相互适应。

（三）坚持实践的观点

实践是检验真理的唯一标准。什么是成功的经验？什么是失败的教训？什么是符合科学的管理？判断的办法只有一个，就是实践。经过实践证明能取得良好效果的管理，就是正确的管理，就是科学的管理。但是，正确的判断只是实践的第一步。因为各个学校情况（如培养人才的要求、学校的历史传统、现实的条件等）不同，要把别人的经验变成自己的东西，还要通过实践，在实践中消化别人的经验；在实践的基础上，把感性的认识上升到理性的认识；把零散的经验上升为理论的原则，从个别中概括出一般。研究高职院校的教学管理还应该采取下列方法，如历史法、调查法、实验法、观察法、比较法、移植法等。有些常用的具体方法包括在这些基本方法之中，如谈话法、问卷法就是调查法的组成部分；有些方法则是上述方法的综合。

历史法是运用文献史料进行研究的方法。它通过分析研究高职院校管理实践和理论，认识高职院校管理制度、原则和方法演变发展的规律，继承前人创造的经验和成就。

调查法是通过谈话、问卷、开调查会、分析书面材料等手段，有计划、系统地了解高职院校教学管理工作的实际情况，弄清成绩和问题、经验和教训，总结发展趋势，概括出学校管理的规律。

实验法是按照某种管理体制、原则和方法，挑选条件比较适合的高校进行实验，以实际效果来检验、补充、发展或者否定这种管理体制、原则和方法。实验法的特点在于研究者对研究对象进行一定的人工控制，以便较准确地确定事物的矛盾，探索产生问题的原因以及这些问题的联系和关系，检验方案的效果，补充并发展某种理论和原则。

观察法是按照一定计划，对研究对象——高职院校教学的全面管理或某一方面的管理进行系统的观察，以便全面、正确地掌握材料，作为研究和判断的依据。

比较法是对当前世界各国高职教学管理的体制、原则和方法进行比较，总结出规律性的管理经验，以便洋为中用。

移植法是从别的企业、行业、部门的科学管理中汲取适于高职院校管理的原则和方法。

需要指出的是，高职院校教学管理比较复杂，不能仅仅依靠某一种方法进行研究，而是需要几种方法的配合，才能揭示其本质的联系，认识其规律。例如，当我们研究如何改进某一高职学院的教学管理工作时，就可以通过调查法全面了解各种具体情况；通过观察法确定各种现象的具体表现；通过实践法探索形成各种现象的因素；通过历史法寻找各种问题发生的根据、发展的过程及解决问题的方向和途径。

只有善于根据具体情况、任务、要求和条件，把各种研究方法配合起来，取长补短，才能比较顺利地达到研究目的，取得更好的成果。

三、高职教学管理理论研究

教学管理是一门科学，也是一种特殊的实践活动，只有用正确的理论做指导，教学管理才能卓有成效。在我国高职教育刚刚起步，高职院校教学管理面临许许多多新情况和新问题时，积极投身教学管理研究和教育理论研究，是每一位教学管理人员的基本任务。

如何开展教学管理研究和教育理论研究？在管理工作中只要做到"两结合、两为主、高质量、回头看"，就可以自觉进入研究状态，随着时间的推移和经验的积累就可以体会到收获的喜悦。"两结合、两为主"是指理论问题研究与应用问题研究相结合，以应用问题研究为主；长远问题研究与眼前问题研究相结合，以眼前问题研究为主。"高质量、回头看"是指开展某项新业务尽可能做到高质量、高标准；在完成任务后，必须认认真真地写好总结经验，在实践的基础上，从理论的高度进行科学总结。周而复始、持之以恒，个人的理论水平和业务能力就会出现质的飞跃；就会在教学管理研究和教育理论研究方面有所建树；就会对高职教育的健康发展有所贡献，实现个人与学校事业的同步发展。

总之，在教学管理中只要掌握理论、尊重规律、利用规律、坚持原则、明确目的、讲究方法，就一定能够取得预期的管理质量和管理效果。

四、高职教学管理构想

高职教育教学角色定位，阐述高职教育和高职院校的战略定位、性质意义、作用和地位角色，突出其必须适应区域经济发展的本质使命。高职院校的专业设置与调整，结合高职院校和市场经济的特点，讨论高职院校专业结构设置、调整的意义和方法，提出一些具体的调整构想。

产学研结合模式探讨，从高职教育与市场经济接轨的大势和必要性引发，论述高职教学及其管理的观念转型，提出构建产学研结合的理论根据和操作策略。教学管理的现代化，着重讨论高职院校教育教学管理手段、方式和具体操作的信息化、网络化和规范化。高职院校的课程建设，讨论高职院校的课程特色，提出高职院校的课程改革、专业课程设置的理论依据和基本要求。高职院校的人文精神建设，分析高职院校人文素质教育的意义，高职院校人文精神建设的基本策略，重点讨论高职院校的学风建设和管理，提出把人文精神培养贯穿到学风建设过程中去的构想。质量标准体系构建和考试改革，讨论高职院校教学质量监控的理论意义，分析传统考试制度弊端，提出学分制引入和优化的设想，提出高职院校考试制度、内容、方法、评价体系等方面的改革设想，提出高职教学质量监控的理论依据和方法策略。

五、高职教学管理创新研究的意义

高职教学管理创新研究是一个崭新的课题，具有深刻的理论意义和可行性实践意义。

（一）为构建中国特色的高职教学管理体系添砖加瓦

尽管相关的子课题研究散见于各级各类报刊，给高职教学管理提供了诸多的理论指导和决策参考，也为高职教育的发展做出了重要的贡献，但这些论述毕竟零星不全且缺乏系统性，缺少整体规范体例参照。高职教学管理实践亟须系统的理论指导和规范的标准参照。因此，高职教学管理创新研究课题，能弥补高职教学理论的不足，具有十分重要的意义。近年来，我国加速推进高职教育大众化进程，高职教育的发展是实现高职教育大众化的主要途径。由于高职教育大众化进程的提速，高职院校在教学理论和实践上还没来得及采取应对措施，导致高职教育在发展和管理过程中潜在的问题暴露无遗，如特色问题、质量问题、师资问题、认识问题、动力问题、常规管理问题、学生就业问题等。很多问题迄今没有专门而深入的研究和解决，一些理论还没有得到澄清和确认。就教学管理而言，我们还缺少一套为高职教学量身定做的理论体系和操作规范。

高职教育大众化和高职教学实际又迫切需要这样的理论指导。因此，研究高职教学的创新管理策略能为构建中国特色的高职教学管理理论体系添砖加瓦。

（二）为高职教学管理提供理论借鉴

当前高职教育蓬勃发展，教学管理存在的主要问题是缺乏一套共同的管理目标与操作策略标准，教学管理的规则、规范、内容、范围、要求、策略、方法等，出现方法不新颖、规则不符合实际等问题。这些问题的根源在于缺乏一整套的符合社会需要和学校实际的、具有高职教学特色的管理理论体系和常规体系。如果在基于清晰的规定目标建立一套管理规范，而且这些规范是在对学生就业的市场高质有效地检验基础上制定，那么高职教学管理将逐渐规范、成熟。因此，提出并实施高职教学管理创新研究课题，可以为高职教学管理提供理论借鉴，直接为高职教学服务、为学生服务、为社会服务。

（三）为提高高职教学质量提供评价标准

高职教学管理包括教学质量评价体系的构建和实施，提高教学质量是高职教学管理的题中应有之义。教学质量标准能使高职教育更加关注教学结果而不仅仅是关注输入，质量标准的制定要求教育教学评价与某种既定的标准挂钩，达到既定标准的高职教育就是高质量的教育。同时，质量标准能使不同的教育机构为相似的群体提供标准一致的服务，避免服务质量的高低不一、参差不齐。此外，高职教学质量标准的制定能改进教学评价与诊断，为教学计划提供参照系，进而提高教学绩效。规范的教学质量标准和评价体系能促成高职院校育人质量的提高，使高职院校提高生产力与产品的品质，进而提高学校综合竞争优势。总而言之，高职教学管理创新研究为提高高职教学质量提供评价标准。

（四）为高职教育的专业结构调整提供决策依据

在高职教育专业结构处置上，我们面临的紧迫任务具体包括高职高专教育的专业需要、主动适应地方经济和行业的需要，按照技术领域和职业岗位的实际要求设置。专业内涵应体现高等技术应用型人才的知识、能力和素质的要求，应有足够的技术含量。所设置的专业不仅应针对社会需求，更应考虑技术内涵是否达到高职教育的水准，专业设置还须论证教育效益、稳定性和毕业生就业状况等，这些都需要给出具体答案。同时，高职教育的专业设置必须满足社会对高技术发展的需求，适应第三产业蓬勃发展的要求。我国高职院校的不少专业是应高技术发展的需要而产生的。当前，我国正处在产业结构变动的关键时期，第三产业比重迅速增加。因此，培养大批第三产业发展需要的高等技术应用型人才，正是高职教育的重要任务。我国农业现代化与农村经济的发展，也都需要能为农业发展服务的高等技术应用型人才。高职教育在设置专业时，必须注重这三个方面的需求。如何适应这些要求？实现专业结构的战略调整，也需要给出切实可行的论证。总而言之，高职教学的创新管理研究？能为高职教育的专业结构调整提供决策依据，有利于学校的整合，实现学校与社会的良性互动和有机结合，促进高职教育和现代化建设的健康、和谐和可持续发展。

此外，高职院校教学管理创新的研究，对高职院校的学风管理、人文精神建设、教材建设、师资管理，都给出理论概括和策略探究；能提供一些专题的教学模型和实践模式；这对高职教学管理的理论创新、高职院校教学的具体管理，都具有可借鉴的实践意义。

总之，高职院校教学管理创新的研究，既具有深刻的理论意义，又对高职教学管理起到具体的指导作用。这是一个理论性和实践性、可操作性有机结合的科研课题，值得深入研究和反复实践。

第三节　教学管理的体系与模式

一、教学管理体系

教学管理是一个完整的体系，又是一个纵横相连、交叉相间的多维矩阵系统。高职院校中的教学管理一般以三维系统进行分解：以时间为序的层次排列；以条条（组织从属关系）为序的纵向排列；以块块（工作性质的联系）为序的横向排列。

（一）时间层次系统

高职院校教学管理按时间一般分为长期、中期和年度计划三种。为了与国家长远的教育规划和科技规划相衔接，也应制订本校的教学工作计划，对学校的发展蓝图以及重点发展方向等做一个规定性的描述，作为学校今后教学工作的指南。

（二）条条纵向系统

学校一般按其组织的从属关系要求各级制订教学工作计划，以便检查与督促全校上下共同完成学校的教学工作目标。一些高校的纵向计划大体按学校—系—专业—教研室—个人来安排这种纵向系统，其优势在于各级间有从属关系，计划内容层层落实，便于督促检查。

（三）块块横向系统

块块横向系统是一种以工作性质相同为联系的、跨组织的校内横向联系系统。目前，教务处内各科室的教务管理、教学质量管理、教材管理、实训基地管理等工作都与各系、各专业、各教研室有联系。

二、教学管理的模式

模式就是应用实物形状、关系、图表、数学公式等来表达某事物发展的内在联系，以达到直观明了、易于掌握的效果。

为了便于进一步说明学校教学管理各组成要素之间的内在联系，现将教学管理按其时间、纵向、横向层次关系建立一个系统模式，以便建立一个科学的管理体系，更好地把各个部门的管理组织起来，形成一个有机整体，以达到相互协调、顺利运转的功能。

教学模式是在一定的学习、教学理论等指导下，根据学习内容、学情进行分析，从而形成对教学过程组织方式的简要概括。它是对课堂教学结构和教学过程实施的一种假设。由于学习理论和教学理论的发展性和复杂性，以及教学内容和学情的差异性等决定了教育教学模式的多样性。每一种模式都有优势、局限性和适用环境，所存在着多种模式的选择和组合，以及优化的现实性。

教学模式按其适用范围的不同，可以分为以下三个层次。

（一）宏观层次

以"教为中心"的传统模式；以"教为主导、学为主体"的过渡模式；以"学为中心"的未来模式。宏观层次的教学模式，是一定的教育思想在教学实践中的反映。随着教育思想的更新和信息技术的迅速发展，忽视学生学习主体性的传统模式，将逐渐被学生主体性过渡模式和未来模式所代替。

（二）中观层次

中观层次的教学模式是对教学过程实施程序的一种规范，包括接受教学模式、程序教学模式、问题解决教学模式、探究发现教学模式等。接受教学模式以讲为主，系统讲授和学习书本知识；程序教学模式是设置个人学习情境，严格控制学习过程的模式；问题解决教学模式以问题为中心，组织学生从活动中学习的模式；探索发现教学模式是提供结构化材料，引导学生进行探究发现的学习模式。

（三）微观层次

微观层次的教学模式是对课堂教学过程的一种结构假设。根据对认识论、课程论、教学论、价值论、方法论等研究，从逻辑结构、历史结构、学科结构探索得到的各种教学模式。

三、高职院校常用的教学模式

教学方法具有变异性和灵活性，教师可以灵活地选用，且应与教学实践相结合，努力设计和创新，这是课堂教学优化设计创新的重要保证。高职院校常用的教学模式包括以下十点。

（一）启发式教学模式

启发式教学模式要求按照认知事物、掌握知识技能和解决问题的思维过程，逐步启发、引导学生专注认知对象，引导探究质疑释疑、激励思考、层层深入，直到积极主动地领会和掌握知识技能。启发类型多种多样，如激疑启发、情境启发、比喻启发、联想启发、类推启发、想象启发、臻美启发、对比启发等。启发式的实质，就是启动学生的学习主体性、主动性、积极性，变教学的单向传输为双向互动。

（二）互动式教学模式

互动式教学模式是以培养学生自主意识和创新能力，以"让学生爱学、会学、善学"为目标的教学结构模式。把传道、授业、解惑看作是师生之间情感交流的方式，是一个动态的、发展的、教与学相互统一、相互影响的活动过程。

在这一过程中，师生关系及相互作用得到调节，形成和谐的师生互动、生生互动、学生个体与学习环境互动等，从而产生教学共振，达到教学效果的一种教学结构模式。

（三）发现式教学模式

发现式教学模式是指在教师的引导、启发和激励下，学生通过一系列步骤主动、自觉地探究知识、技能或理论。这种方法有助于培养和发展高职生的认知兴趣、好奇心和创造欲，以及独立观察、发现、思考和解决问题的能力。

（四）问题引导式教学模式

问题引导式教学模式是以问题为引导，组织学生为解决某一问题而展开学习（如自学各种材料、查阅文献资料、讨论、通过现代媒体学习等）。学生将掌握的知识和技能与独立探索有机结合起来的一种新型教学策略。问题引导式教学模式强调学生科学思维能力的培养；强调早期接触生产实践；强调在任务模拟环境下学习。具体实施如下。

第一，向学生提供经过精心设计的问题或问题情景，以此引导学生去思考、学习相关基础知识。设计的问题必须紧密结合生产实践或生活实际，有适宜的广度、深度，通过教师的指导，学生能够独立解决。

第二，自学与感知。学生根据辅导材料（包括教学目标、相关学科内容范畴、指定参考书、参考文献等资料）和提供的各种学习资源（如电视教材、CAI、幻灯、实物、标本、模型等）自学，从而掌握解决"中心问题"的相关课程知识、技能。

第三，小组讨论。学生写出书面材料，对问题提出合理解释及处理、解决办法。在教师指导下进行讨论，相互启发，使问题解决更加完善。

第四，对学生的学习成绩及学习效果进行考核，对解决问题的方案进行评价，并利用反馈信息改进教学模式。

问题引导式教学模式的主要特点有以下两点。

第一，教学内容的组织与展开打破了现有学科体系的人为界限，以实践中的问题为线索，各个相关课程的知识综合起来，按照学生解决"中心问题"的思路去设计，将理论教学与职业实践结合起来，从而实现学生在解决问题中学习。

第二，充分调动学生的主观能动性，在问题引导下，以自学为主，使学生的学习成为自主性、探索性的活动。问题引导式教学模式要求学生独立寻找解决问题的途径和方法，并在解决问题的过程中学习知识和技能，教师主要负责组织和引导学生完成任务。

（五）案例教学模式

案例，可以理解为以一定的媒介（文字、声音等）为载体，内含教育教学问题的实际情境。案例教学是较先进的一种教学模式，是指教师在教学过程中，依据教学目标，针对教学内容，选择适当案例作为教学素材，在特定的教学情景中，师生共同运用理论分析、解决问题的一种教学方法。

生动的情境性、高度的拟真性、灵活的启发性和鲜明的针对性是案例教学的基本特征。在案例教学中，教学与实际情境沟通和融合，师生在生产、生活、社会实际的基础上创设富有挑战性的问题情境，在获取信息、分析和解决问题的过程中，形成自主性教与学，感受知识和科学方法的实际价值，提高学习兴趣和热情，发挥学生的学习主动性、创造性，这是案例教学的情境性特征；教学案例是在实地调查的基础上精炼地编写出来的，具有典型性和拟真性，可以训练学生通过信息的搜集、整理、加工，从而获得符合实际的判别能力；教学案例提供虚虚实实、能诱人深入的思维空间，具有灵活的启发性，可以达到最佳的学习效果；教学案例针对性强，学生通过案例分析，可以形成一套独具的、适合自己的思维方式和工作方式。

案例教学的意义在于能促进教师转变教学观念，不断探索新的教学内容与教学方法；激发学生浓厚的学习兴趣，乐于结合实际探索研究；培养学生的沟通能力、合作能力、分析与解决复杂问题或疑难问题的能力。

（六）项目教学模式

项目教学模式是在教师主导下，学生完成一个"项目"工作而进行教学活动的模式。这里的"项目"是指完成一项具体的、具有实际价值的"产品"。

项目教学模式是学生接触社会、接触职业实际，发挥学习主体性、主动性，获得知识技术、培养和发展能力，形成职业素质等重要的教学模式，既适用于项目课程，也适用于很多其他课程。

项目教学模式要求教师接触社会职业，广泛收集有关信息，精选教学项目，在与学生共同讨论基础上，确定教学目标和具体任务。学生根据已掌握的知识和技能，独立自主或在教师帮助下，实施和完成项目。项目是否完成要受教师乃至职业专家的真实性评估。

项目教学模式对于激发学生的自信心、创造意识，尽早接触职业实践，形成职业能力、态度和素质等具有积极作用。

（七）现场教学模式

现场教学模式是在真实情境（高职院校实训中心、基地、教学工厂等），按教学目标、内容和任务，通过师生互动、边讲边看、边讲边练、有序结合的教学方法。

学校实训中心或基地、教学工厂，可以模拟实际职业岗位，创造出实际职业不具备的优势。现场教学模式有如下特征，例如可以不破坏正常的生产、职业工作和生活秩序；可以方便地展示设备的内部结构和复杂的工序动作，有利于学生了解其结构原理、动作原理和工作程序；可以人为地设计一些常见的故障，供学生分析、判断和排除，实实在在地掌握真正的职业技术知识和技能。

现场教学模式的优点包括通过视听渠道直接收集工作任务和工作过程的信息（技术知识、技能、技巧等），一目了然，便于在头脑形成表象，进而经过加工即类比或联想，内化为新的知识存入大脑中；讲练结合，让学生得到感受和体验后直接转化为知识；学生通过真实或仿真的环境，尽早地接触到"岗位"，培养职业感情、品质和能力，逐步进入职业"角色"；还可以提高学生发现、分析和解决问题的能力。

现场教学对教师要求很高，要做好现场调研、确定现场教学的内容项目；动员学生做好精神和物质等多方面准备，到现场后要做好讲解与示范；学生开始练习或实训后，要做好巡视与指导，积极督促强化训练；结束后要针对现场教学的收获和问题，做出针对性的点评，布置学生做好实训、实练报告并展开后续的学习任务。

（八）插播教学模式

插播教学模式是在讲授过程中，适时穿插播放电教教材（电视短片或视频等）的一种教学模式。具体实施如下。

第一，在教室内配备录像机、闭路电视遥控操作装置、简易传话装置等，最好是配备教师直接操作录像机的装置。

第二，教师针对重点或难点（尤其是那些难以用语言或其他媒体表达的内容），选择或制作插播型电视教材（插播短片）。

第三，设计好教学方案和程序，确定插播片的插播时机和方式。可以采用先讲后播、先播后讲、边讲边播等形式。讲播结合，相互补充和促进。

第四，插播电视教材应与文字教材配套，内容精练时间短、要有明确的目的、不随意凑合。

插播教学模式有以下三个特点。

第一，可以优化教学过程，插播电视短片可为课堂教学提供丰富的感性材料，有利于突出重点、攻克难点，使传统教学与电化教学融为一体，取长补短，相辅相成，显著优化课堂教学过程。

第二，该模式机动灵活，播讲穿插形式多样。可克服一般电视教学播放时间长、一过性、节奏快、难以记忆、缺乏交流思考等缺点。既能发挥教师主导作用，又能显示电化教学动态直观和高效率的优势，增加教学的生动性、直观性、趣味性和灵活性，还可方便师生双向交流。

第三，方便实用，效益显著。插播片短小精悍，内容精练，有的放矢，突出重点、难点，方便课堂教学，且制作简便、经济实用。

（九）程序片教学模式

程序片教学模式是将某一课程中适合程序教学的内容，按照易于接受的次序制成电视教材，配合课堂教学播放，学生的学习按一定的程序规范化开展。实际上，程序片教学即是系列化、程式化和多样化程序教学模式的一种具体应用形式。具体实施步骤如下。

1. 程序片的设计与制作

选题要精心，宜选取形象性、动作性或动态性鲜明的内容，它应是教学内容的重点或难点。程序片的片集，宜一片一题，重点突出，既可用于单独地辅助课堂教学，也可组合成完整的内容体系，做到一片多用，如用于系统复习；还可以进一步编制成多媒体CAI程序教学软件，用于智能程序教学。

在程序片设计思路上，要体现分析、解决问题的过程。对于科学结构不要和盘托出，应给学生留有独立思考的余地。在制作技巧上，节奏要舒缓，尽量采用形象或模拟手法，衔接力求通畅，音乐要慎用。

2. 精心设计教学程序

具体的教学程序因学科不同而不同。教学内容按"小步子"原则，逐步向学生清晰地展示，并提出问题，或让学生主动地寻求答案；或教师通过媒体给出解答。也就是说，要制作足够的程序化教材，强化学生自学，并设计出适宜的问题，使学生做出积极的反应。采用教师鼓励、强化等方式，让学生获得学习成果的即时反馈，树立自信心和成就感。

程序片教学模式的主要优点如下。一是按"小步子"原则，编制程序化教学方案，使各教学环节环环相扣，循序渐进；二是按及时反馈的原则，编制恰当的练习，可使学生的学习得到确认、强化和反馈；三是实现课程教学的整体优化。

总而言之，教学内容结构化、课堂教学结构程序化（问题—感知—解答反馈）、电教教材系列化是程序片教学的主要特点。

（十）视听强化教学模式

视听强化教学模式是根据强化理论，充分发挥电化教学声、光、形、色、动等对视觉和听觉器官的直接作用，从而产生强化效果的一种新型教学方法。该法的实施步骤如下。

1. 要设计强化教学程序

一般教学程序是刺激反应—强化所构成的序列，即应用电教媒体色彩的变化，画面的显示，镜头的快慢、转换、停格、特写、物特技、字幕等手法，促成学习过程刺激与反应的联接和知识的内化。例如在外语语言教学中，先提供示范发音和必要的讲解；接着让学生模仿发音；紧接着进行视听强化，即应用电视教材，显示发音时口舌的变化方位、力度、持续、停顿、气流、运动等视觉形象，从而达到形成视觉表象与发音动作协条一致的强化效果，并可根据模仿发音情况，纠错矫正，进行再次强化。

2. 要适当选择强化时机

一般宜选择紧跟在要加以巩固的反应之后立即予以强化，并在2—3天内再次强化，巩固强化效果。

3. 强化物通常是操作条件反应后得到的"报酬"或"目标物"

在教学过程中要设置一系列的强化物，利用多种强化方式和手段，对每一个小的教学步骤或单元进行有效的正向强化（积极反应的强化）。例如教师善意的微笑、表扬或奖励，电视教材的特写、醒目的字幕、学习难点的重复、重播，让学生明确每一个学习步骤的具体目标和意义，它可以引起学生的积极反应、兴趣及满足感。

4.要准确设计强化的方式与频度

对于学生来讲，应设计适应其心理特点的具体方式，并以激励成就感为主。按时间序列，一般可分为固定间隔强化和可变间隔强化两种方式。固定间隔强化是每隔若干时间后，接着进行一次强化；可变间隔强化的间隔时间则是随机变化的，有时可连续给予强化，有时则隔较长时间才给予强化。一般来说，可变间隔强化的反应比固定间隔要快一些。

视听强化教学法的主要特点是充分利用视听媒体的再现性、模拟性去实现重复学习和多次强化的目的，并结合运用言语强化、内部强化等多种方式，可产生强有力的学习激励作用，具有正向激励、行为矫正、行为塑造等特殊作用。这一教学法尤其适宜需要反复训练和识记的课程，如外语、体育、舞蹈及形体课程等。

四、教学模式的选择策略

每种教学模式都建立在高职的教育理念和逻辑结构的基础上，都有其特点和适用范围。教师可能采用一种或一种以上模式的问题，这就是一个优选、优组的问题。因此，在优选、优组教学模式时要讲究策略，一般要考虑以下四个问题。

第一，所选择的教学模式应当反映一定的高职教学理念、理论和教学观。

第二，所选择的教学模式应当体现确定或强调的高职教学目标，具有可调控的教学策略和可操作的程序。

第三，所选择的教学模式应当适合学生的学习水平和学习风格。

第四，所选择的教学模式应当适合使用范围，并能发挥其特点。

第二章　高等职业教育的专业设置

高等职业院校是按照专业来组织教学的。如何设置专业？无论是从高等职业教育的宏观管理还是从体现高等职业教育的特征角度来看都具有十分重要的意义。市场需求什么样的高职人才？什么地区、什么行业以及经济、社会的发展又需要什么科类的高职人才等，都涉及专业的设置、调整和改革。对一所院校来说，专业设置又涉及高职院校的特色、建设与投资方向等重大问题。同时，没有专业设置就没有高职专业的人才培养方案，专业设置构成了高等职业教育的前提条件，是实施高职教育的起始环节。因此，研究专业设置，对高等职业教育更好地为社会、经济服务，更好地适应社会需求，具有基础性的意义。

从社会发展、时代进步对教育的要求来看，各个层次、各种类型人才的培养都是不可偏废的。因此，高等职业教育必须从社会的需求和在高等教育人才培养体系中所处的位置出发，明确人才的培养目标和规格。培养目标在教育工作中占有重要地位，它不仅是教育教学活动顺利开展的前提和基础，同时也是教育活动的归宿。

要实现高等职业教育的培养目标，就必须有一套与专业培养目标相适应的科学合理的人才培养方案。人才培养方案的确定既要大胆借鉴发达国家高等职业教育人才培养的有益经验，又要根据我国实际，注重弘扬祖国的优秀传统文化，培养和造就适应时代发展的、有高等职业教育特色的人才。

第一节 高等职业教育的专业设置

一、专业与专业设置

专业,是指高等职业院校按照社会职业分工、学科分类、科学技术及社会经济发展的需要分成的学业门类。专业是学校制订人才培养方案,进行招生、教学、毕业生就业等工作,为社会培养、输送各种专门人才的依据;这是学生选择学习方向、学习内容,进而形成自己在某一专门领域的特长,为将来从事职业活动做准备的依据。

高等职业教育作为高等教育的重要组成部分,在专业设置上,遵循高等教育专业设置的共同原则。一是适应现代化建设的人才需求;二是适应科学技术发展的趋势;三是符合人才培养的规律。

同时又具有高等职业教育专业设置自身的特点。高等职业教育的专业设置必须更多地从自身特点上去探索。

高等职业教育培养的人才直接针对社会职业岗位,高等职业教育培养的学生毕业时就是职业岗位的合格就业人员,他们能顺利地履行岗位职责,承担各项本职工作,完成各项工作任务,毕业生一毕业就上岗,一上岗就能独立开展工作。正因为如此,高等职业教育的专业主要是按照职业分工与职业岗位群对专门人才的要求而设置,强调职业性,强调综合职业能力的培养,学生所学的理论知识可能涉及几个学科的内容,不求系统、完整性,只求对本岗位的适用性。这与其他高等教育的专业设置主要以学科为主,强调该学科理论的系统性、完整性和毕业生就业的广泛适应性形成了区别。

其次,高等职业院校的专业设置面向技术含量高的岗位。当前,经济、科技的迅猛发展,给社会经济结构带来了以下巨大变化:一是产业结构的变化,从世界范围看,体现为第三产业持续上升、第一产业逐渐下降以及第二产业缓慢增长的特征；二是产业部门中的行业结构也在发生变化，一些行业如冶炼、钢铁、采掘等日渐收缩，一些新兴行业如电子、计算机、通信等日趋发展；三是各产业部门或行业技术结构的变化，表现为由劳动密集型向技术密集型转变的趋势。这三个层面的变化，对现代社会的职业岗位结构产生了巨大影响，而高等职业教育正需要设置一些面向技术含量高的岗位的专业，这也正说明了国家越来越重视高等职业教育，高等职业教育得到迅猛发展。

另外，高等职业教育的专业口径可宽可窄，宽窄并存。专业的设置要满足社会的需求，要处理好社会需求的多样性、多变性和学校教育的稳定性。高职院校一般设置那些有长期稳定人才需要的专业，对那些社会需求变动较大的专业，就使通过设置口径宽一些，在人才培养后期通过加设专业方向来解决。专业设置口径宽窄的依据主要在于毕业生就业面向的岗位，如面向的职业岗位比较具体，则专业的口径宜窄，如涉外秘书、档案文书等专业；如就业面向岗位群，则专业的口径宜宽些，如现代纺织技术专业。当然，如果是"订单式"培养或者是针对当前企业生产技术和发展的需要创办的高职院校，专业面不宜过宽，专业内容则针对性强一些。

二、专业设置的原则

（一）适应需求原则

所谓适应需求，就是指高等职业教育的专业设置必须适应经济、社会的发展和受教育者的需求，使所设置的专业建立在需求的基础上。专业设置既要以市场需求为导向，根据当地产业政策的要求和产业结构、技术结构的变化开设经济发展、社会进步所需要的专业；又要从受教育者的需要考虑，满足就学者个人的要求。

1.专业设置必须改以往的"供给驱动"模式为"需求驱动"模式

需求驱动是根本的驱动，是建立在对经济社会客观的分析与科学预测的基础上进行的，因而具有不竭的动力。供给驱动是"以我为中心"，主观设置，缺乏科学依据，强调"我能做什么，我能培养什么人"，而不考虑"要我做什么，需要我培养什么人"。专业设置如同企业生产一样，不能"我生产什么，社会就用什么"，而应该"社会需要什么，我就生产什么"。这样高等职业教育才能更好地服务于社会。

2. 专业设置还必须兼顾受教育者个人的需要

社会需求是专业设置的前提和依据，只有将社会需求转化为个人需要，才能构成对高等职业教育的切实需求。学习就是为了更好地就业，就业是人们求得生存的重要手段和进一步发展的必要条件。在市场经济条件下，人们追求物质利益的最大化乃是情理之中的事情，人们大多是有目的地选择专业和学校的。特别是在非义务教育阶段，家长和学生在选择某个学校某个专业时，自然会考虑自己的投入将会带来多大的回报。这就要求学校在设置专业时要兼顾教育者本人的要求，同时也要求学校对已设置好的专业要加强宣传，利用社会对该专业人才的需求情况等信息来引导学生，使个人的需要服从社会、经济发展的需要。

（二）条件可能原则

需要与可能是专业设置必须遵循的原则，在强调需要的同时，也必须考虑可能，即设置专业所具备的条件。师资、教学设施等自身条件，是专业设置的基础，是实施专业计划、实现培养目标的前提。如果学校不顾条件，而盲目设置专业，不仅难以保证培养目标的实现，无法形成办学特色，而且可能影响专业的生命力，造成不良的社会影响。

1. 要有合格的专业师资队伍

合格的专业师资队伍是进行专业教育的保证，也是专业设置必须考虑的重要条件。一个专业应有专业带头人，还要有若干名专业教师、实习指导教师，既有数量的要求，又有学科、结构、职称等要求，师资队伍的配备应与该专业招生的规模相当。此外，高等职业教育师资队伍的特殊要求是，高等职业院校的教师不仅要具备丰富的知识，而且还要知道如何应用这些知识；不仅能够向学生传授知识，而且还要能够训练学生的技能，培养学生运用知识和技能解决实际问题的能力。因此，设置专业时，应该要有"双师型"师资队伍作保证。当然，如果师资队伍暂不具备这个条件，也可采用招聘兼职教师的做法，经过一段时间的办学逐步充实、完善专业教师队伍，形成合理比例的专兼职教师队伍，从而达到专业教学的要求。

2. 要有完善的教学基本条件

教学文件是指导、检查、评估教学质量和人才培养质量的重要依据。因此，专业设置要有必要的教学文件，其中包括专业教学计划、实施性专业教学计划、理论课教学大纲、实践教学大纲及指导书和任务书，同时还要有教材讲义、教学资料、图书资料等。

完善的实验、实训条件是进行专业教学的物质保证。高等职业教育中实践教学在人才培养方案中占有较大比重，因此，高职院校的专业实验、实训场所要能满足培养学生基本实践能力与操作技能、专业技术应用能力与专业技能、综合实验能力与综合技能的要求。

（三）科学规范原则

学校设置专业应首先进行广泛的社会调查，仔细分析现在和今后一段时间人才需求的情况，分析比较这个专业在本地区同类高职院校中开设与发展的情况，要分析开办该专业可能发生的成本，力求在一定的教育投入和运行成本的前提下，取得专业教育的最大效益、最高效率，同时还要注意以下两点。

1. 专业划分要科学

专业划分应按产品结构、生产过程、工艺特征、职业岗位群的要求进行设置。要宽窄适度，既要考虑职业的针对性，又要考虑就业的适应性。如果专业划分得过宽，边际模糊，内涵不清，不仅会影响学生主要专业知识和技能的学习，而且还会影响学生毕业后被有针对性的录用；如果专业划分得过窄，只是针对某一职业或岗位，不仅会影响学生相关的、通性的专业知识的学习，也不能保证学生的发展后劲。随着科学技术的进步及社会经济的不断发展，岗位与职业的变化会越来越快，知识面过窄，不利于就业适应性。因此，专业的划分一定要科学。

2. 专业名称要规范

专业名称的规范首先是专业内容的外显，人们一看便知，即一看就能基本了解专业的培养方向。其次是专业名称要有国内外的通用、通识性。中华人民共和国教育部制定了高等职业教育的专业目录，高职院校设置专业时可以参考这个专业目录。

三、专业设置的程序与方法

（一）专业设置的程序

1. 进行社会调查

高等职业教育要更好地为社会经济建设服务首先体现在专业设置上。有了合理的专业设置，就能保证人力资源的科学开发，使人才满足经济、社会发展的需要，推动产业结构、技术结构和产品结构不断升级，为国家现代化建设和区域经济的发展注入新鲜血液和活力；反之，如果专业设置得不合理、不科学，如未能从经济发展的需求出发，脱离了经济社会发展的实际，容易造成人才培养的失衡，影响高等职业教育的生命力。因此，为了确保专业设置的科学、合理，必须进行社会调查。

进行社会调查的目的，就是要弄清经济社会、产业结构、技术结构、就业结构的现状和发展趋势，明确今后一个时期当地的产业政策，搞清楚哪些是主要产业、哪些是支柱产业、哪些是新兴产业。此外，还要进行人才资源调查，弄清当地人才的分布现状与需求情况，作为人才预测的依据。

2. 组织专家论证

为了防止社会调查中的片面性和认识上的局限性，在确定专业设置之前，必须进行专家论证。所谓专家论证，就是要对拟设置的专业的必要性、可行性进行科学的分析，内容涉及当前社会经济的发展、专业的分布、学校的师资准备、教学仪器设备场所的准备、教学文件的准备等方面，通过邀请经济界、企业界、教育界的有关专家，反复深入的论证，力争形成一个科学、合理的意见。

3. 进行专业设计

专业名称确定以后，学校应制定专业培养目标，一般应包含职业服务方向和社会职业角色两个方面。要规定修业年限，高等职业院校目前为2—4年，一般3年居多。同时要界定业务范围，根据学生毕业后所服务的职业岗位要求来决定应掌握的专业知识和技能，明确专业教学的主要内容，提出专业基础课、专业课和实训课的课程名称。为了增强专业的针对性，对于专业面较宽的专业可设立若干个专门化或专业方向。

（二）专业设置的方法

1. 新专业的设置方法

设置新专业普遍易采用的方法是根据已有的专业基础，设置与学校原有专业相近的专业。这种方法能使新设的专业与已有的专业在课程结构、教学组织、师资配备和设备使用等方面有较大的重合度，使教育资源得到充分利用，也逐步扩大办学规模、增强办学后劲、拓宽办学渠道奠定基础。

另一种设置方法是根据社会需求，学校能及时地适应经济社会发展而设置一些较好地满足经济建设的要求，符合家长和学生的愿望，能为学校发展创造新的机遇。此种设置方法的缺点是教育资源重复利用率低，教育成本大，教学管理也较复杂。

2. 已有专业的设置方法

为了充分挖掘学校的办学潜力，提高办学效益，使已有的专业更好地适应经济、社会发展的需要，学校也往往采取以下方法对已有专业进行改造。一是采用"宽基础、活模块"的方法，在专业设置中分两阶段进行，先按大类划分，不分具体专业方向，学习公共文化科学知识、专业基础知识与技能，夯实专业基础，拓宽专业面，然后根据人才市场需求，再划分具体专业方向。这样有利于解决人才预测难度大，社会需求变化快与人才培养周期长的矛盾，既能对人才市场需求迅速做出反应，不断地派生、分化、拓宽、开发新专业，又能保持专业大类相对稳定，提高教育资源的利用率。同时，还可以为学生提供二次选择专业的机会,满足学生个性发展的要求。二是采用"老树发新枝"的方法,在成熟或具有优势的已有专业基础上延伸、拓展形成新的专业。延伸是在具有优势的已有专业基础上或是部分改变专业课的组成,形成新专业,如已有的机械专业可以向"机械制造与控制",进而向"数控技术应用"方向延伸;也可以强化某些专业课,使专业指向更明确,如"电子技术"专业拓展为"通信技术"等专业。

第二节 高等职业教育的培养目标

一、高等职业教育的总体培养目标

培养目标在教育工作中占有重要的地位,它不仅是教育教学活动顺利开展的前提和基础,同时也是教育活动的归宿。所谓培养目标,就是在政策指导下,各级各类对受教育者的发展方向、教学内容及应达到的规格所提出的要求。培养目标是一个具有系统性、层次性的概念,我国各级各类教育的培养目标构成一个总的目标体系,高等职业教育的培养目标就是其中一个组成部分。

从培养目标的构成内容来看,它是由培养方向和素质规格两个部分组成的。培养方向是指受教育者将在社会中扮演什么角色;而培养规格是指受教育者的科学文化、专业素质、思想品德、身心素质应达到的水平和程度。

(一)社会条件及社会需要是确定高等职业教育培养目标的直接现实依据

职业教育的发展是随着社会的发展而发展的,大工业出现以前的职业教育是以"学徒制"为主要形式的教育,所培养的小生产者既是设计者,又是制造者。大工业出现以后,由于生产日益依赖科学理论的指导作用,需要造就一批掌握科学理论并能把理论应用于生产实践的技术人才。于是,以"学徒制"为主要形式的职业教育开始演变为两种基本类型的教育。一种是培养产品设计、开发、研究和企业管理人才(即现在的工程师类人才)的高等技术教育;另一种是培养直接从事产品生产、制造等技术工人的职业教育。此后，随着生产技术的飞速发展，再次对工程技术人才的结构提出了新的要求。这些要求如下。一方面，科学理论对生产技术的指导作用进一步广泛和深入，企业越来越需要专门从事理论研究的人才，如培养工程师一类的教育偏向理论方向发展；另一方面，随着产品结构、精度、质量等要求的提高，培养技术工人的教育也进一步向具体化、专门化发展。然而，科学理论并不能直接转化为工人的技术操作，不能直接变成生产和产品，必须有一种人才作为桥梁，才能完成这种转化，这类人才的培养通常由中等和高等职业教育来完成。

有关专家认为，社会人才大致可分为学术型人才、工程型人才、技术型人才和技能型人才。学术型人才从事发现和研究客观规律的工作；工程型人才从事为社会谋取直接利益有关事业的设计、决策、规划等工作；技术型人才和技能型人才是在生产一线或工作现场从事为社会谋取直接利益的工作，只有经过他们的努力才能将工程型人才的设计、决策、规划等转化成物质形态（产品、工程等）对社会产生具体作用。技术型人才与技能型人才区别在于前者主要应用智力技能来完成任务；而后者主要依赖操作技能来进行工作。

事实已经证明，劳动者的素质和科技创新能力已经成为我国经济发展和增强国际竞争力的一个主要因素。我国既需要培养一大批从事科学研究、工程规划设计的人才，也需要培养一大批在生产第一线从事施工、制造等技术应用工作的专门人才。没有擅长工艺技术、生产组织和经营管理的人才，即使有再好的研究成果、产品设计，也很难制造出在国际上具有知名度的一流产品。高等职业教育正是顺应了这种要求而得以蓬勃发展。高等职业教育以培养适应生产、建设、管理、服务第一线需要的高等技术应用型人才为根本任务。

（二）直接针对社会所需的职业岗位是高等职业教育培养目标的特点

我国高等职业教育的培养目标是在马列主义关于人的全面发展的理论指导下，依据我国社会主义事业对建设者和接班人的要求来制订。具体地讲，就是要依据我国的教育目的，培养德、智、体、美全面发展的社会主义建设者和接班人；要依据我国高等教育的普遍要求，培养具有独立工作能力的专业技术人才和管理人才；要依据社会就业市场对人才的要求，培养社会主义市场紧缺又急需的人才。高等职业教育作为我国高等教育的组成部分，在培养目标上，同其他类型的高等教育自然有着共同的地方，如培养社会主义建设者，培养德、智、体、美全面发展的专业人才等。除此以外，高等职业教育也有着自己的特点——直接针对社会职业岗位。高等职业教育要求培养的学生毕业时就是职业岗位的合格就业人员，他们能顺利地履行岗位职责，承担各项本职工作，完成各项工作任务。高等职业教育强调人才使用的时效性，毕业生一上岗就能独立地开展工作。2004年，中华人民共和国教育部发布《关于以就业为导向深化高等职业教育改革的若干意见》中指出，"高等职业院校要主动适应经济和社会发展需要，以就业为导向确定办学目标，找准学校在区域经济和行业发展中的位置，加大人才培养模式的改革力度，坚持培养面向生产、建设、管理、服务第一线需要的'下得去、留得住、用得上'，实践能力强、具有良好职业道德的高技能人才。"

高等职业教育的培养目标要求人才质量应符合以下四个方面。一是具有形成技术应用能力所必需的基础理论知识和专业知识；二是具有较强综合运用各种知识和技能，解决现场实际问题的能力；三是具有良好的职业道德，爱岗敬业、艰苦创业、踏实肯干、与人合作的精神，安心在生产、建设、管理、服务第一线工作；四是具有健全的心理品质和健康的体魄。

（三）高等职业教育的人才定位符合国际教育改革潮流

联合国教科文组织教育统计局编写《国际教育标准分类》（XT）是通过对许多国家的教育情况做了大量调查后所制定的教育统计标准。自1958年联合国教科文组织第十届大会通过关于国际教育统计标准的建设以来，已对XT修订多次。

在XT中，各类课程计划被分成若干教育层次，其中第0层次为学前教育；第1层次为初等教育；第2层次为初级中学教育；第3层次为高级中学教育；第4层次为非高等的高中后教育；第5层次以上都是高等教育。

二、高等职业教育的专业培养目标

高等职业教育专业培养目标是高等职业教育培养目标中的下属目标，它作为教育活动的第一要素，最直接地为教育者和受教育者双方指明活动方向，具有预定发展结果的目标导向和激励调控功能以及为教育评价提供依据的价值尺度功能。承上启下，一方面要体现国家的教育目的、层次、科类目标的共同要求；另一方面，直接指导专业教学计划，组织课程体系。专业培养目标给受教育者一个比较明确的目标，引导受教育者朝着预定方向努力。专业培养目标的设计在专业建设中占有重要地位，因此，专业培养目标应该具体、清晰。

（一）高等职业教育专业培养目标的构成要素

高等职业教育专业培养目标应包括两个方面的内容。一是培养方向，这是由职业教育的性质和任务所决定的；二是目标的构成结构，这是制订培养目标的核心问题。教育作为一种有意识地培养人的社会活动，不仅仅给受教育者传授一些知识，形成某些能力，更重要的是培养一种良好的综合素质。一个专业培养目标实现的过程，实际上是学生掌握知识的过程、形成能力的过程、养成素质的过程。知识、能力、素质是专业培养目标的构成要素。

1. 知识结构

所谓知识是指人类在改造世界的实践中所获得的认识经验的总和。知识结构就是人类知识内化到个体头脑中所形成的类别、数量、质量及相互联系。合理的知识结构是综合素质形成的第一个过程，是良好综合素质的基础。高等职业教育专业的、合理的知识结构应满足现代社会对技术应用型人才的需要，体现出高职教育的特点。这个结构主要由科学文化知识和专业技术知识合理结合而成。

（1）科学文化知识：科学文化知识的范围广泛而丰富，涉及的学科门类很多，包括人文、社会科学基础知识，自然科学基础知识及方法论知识。其中有的与专业有关，有的与专业无直接关系。它们是形成学生合理的知识结构及良好的科学文化素养必不可少的组成部分。

人文、社会科学基础知识包括哲学、政治学、经济学、法学、历史和文学艺术等学科的知识。它们是形成学生良好的政治思想素质和人文素质的知识基础。虽然精力所限，对各个学科的知识不可能全面掌握，但对其基本概念、基本原理及基本方法应有所了解，这是陶冶性情、提升文化品位的需要，也是促进受教育者德、智、体全面发展所应具备的精神资源。

自然科学基础知识主要是指数学、物理、化学等基础学科在高等教育阶段的基本概念和基本事实。它对于学生深刻领会专业知识，掌握专业技能起着基础性的作用。

在自然科学、社会科学的发展过程中，一方面形成了各门学科的"实体性"知识；另一方面也抽象和概括出分析解决问题的方法论知识。方法论知识有助于培养跨学科移植概念和方法的能力及创造性地解决问题的能力。随着科学技术的发展，知识更新越来越快，人们迫切需要一种查询、检索、储存、调用知识的有效方法，掌握方法论知识也是培养学生的综合素质、促进学生全面发展的要求。

（2）专业技术知识：一般认为，科学知识是回答是什么和为什么的知识，着重对自然界现象和事物的本质与规律加以描述；专业技术知识则是回答做什么和怎么做的知识，着重于把科学知识运用到各种人类活动中解决实际问题，实用性、定向性强。在处理专业技术知识时，有一对矛盾是必须认真探讨的，那就是针对性和适应性的矛盾。作为职业教育，它必须要针对一定的职业范围，学生不可能被培养成通才；作为高等教育，它又必定要与职业培训区别开来，要求学生除能上岗工作外，尚需有较强的适应性。

当前，科学技术发展迅速，职业岗位及其内涵的变动也非常频繁，对高职人才适应能力的要求也越来越高。高职毕业生不能只适应在较狭窄的职业领域中工作，应该有就业弹性，不会因岗位内涵的变化而失去自身的工作能力，应该具有专业可持续学习的基础。要满足针对性和适应性两方面的要求，专业技术知识应有合理的结构。专业技术知识大体可分为两个层次：一是相近专业的共同基础知识；二是与毕业生的具体工作直接有关并频繁应用的知识。对于前者应力求扎实掌握；对于后者则应注重精选内容。让学生领会蕴含其中的具有普遍性的思想和方法，这样才能以稳求变，保证毕业生应对不断变化的挑战。

2. 能力结构

能力是指顺利完成某项任务的心理特征，是个体从事一定社会实践活动的本领，它是在合理的知识结构基础上所形成的，是多种因素的综合。和知识相比，能力不仅存储在头脑中，更体现在活动中。它抽象、无形，一旦形成后不易失去。合理的能力结构是从事职业、适应社会、寻求发展基本和关键的条件。能力包括以下三个方面。

（1）专业能力：专业能力是指专业领域内从事生产、经营、服务等职业活动所需要的能力，它是知识和技能的综合。专业能力在整个能力结构中处于核心地位，它是劳动者胜任工作、赖以生存的本领。

（2）方法能力：方法能力是一种发展能力，它是指从事职业活动所需要的工作方法和学习方法，它包括科学的思维模式和基本技能。科学的思维模式不仅是从学习方法论的知识中直接得到的，更是从其他知识的学习和实践中感悟到的，它可以形成解决问题的思路。基本技能是一个受过一定教育的人为适应现代社会生活必须具备的技能，它是发展能力所必需的，是方法能力的基础，主要包括阅读技能、写作技能及计算机操作技能等。

（3）社会能力：社会能力是指从事职业活动以及生活在社会中所需要的行为能力，包括人际交往、公共关系及社会责任等。它既是基本的生存能力，又是基本的发展能力。社会能力是开放社会中人的必备能力，是职业教育培养目标中的应有之义。

3. 素质结构

素质是指在先天生理的基础上，受教育、环境的影响，通过个体自身的认识和实践，所养成的比较稳定的身心发展的基本品质。素质与知识和能力相比，层次更高。培养以创新精神和实践能力为重点的良好的综合素质是素质教育所希望达到的目标。一般认为，知识是能力的基础和前提条件，能力是知识的抽象和内化，素质则是知识与能力的升华和高层次上的再现。素质比知识和能力涵盖的范围更广，由于它是多种品质的内在结合，因此难以割裂开来。

（1）科学文化素质：科学文化素质与前面分析过的知识结构中的科学文化知识相比，主要差别就是素质内化并能再现出来，它已经超越了知识形态，而成为思考问题的思维模式、解决问题的能力和方法。科学文化素质在人的素质结构中占有基础性的地位，是形成良好的社会适应能力所必需的，同其他高等教育相比，高职教育的学生这方面的素质较差，因此加强科学文化素质的培养应是高职教育培养目标的重要内容。

（2）专业素质：专业素质是专业知识与专业能力的综合与升华，包括对新技术的接受和理解力、职业的适应能力、质量意识、安全意识、时间观念、经济观念、提出合理化建议的能力等。专业素质是高等职业教育培养目标中的核心素质要求，是区别其他高等教育的主要特色，培养目标应突出专业素质的特点。

（3）思想品德素质：思想品德素质是各类教育普遍要求的，它包括：要具有科学的世界观和人生观，共产主义的远大理想，正确的价值取向，辩证唯物主义和历史唯物主义的立场和观点；要有坚定的政治立场，遵循以经济建设为中心，坚持四项基本原则，坚持改革开放的基本路线；具有爱国主义和集体主义的情感，能用社会主义道德要求自己，具有良好的社会公德。除此以外，高职院校的学生还应注意养成正确的劳动态度和良好的劳动习惯、集体主义和团结协作精神、高尚的职业道德。

（4）身心素质：良好的身心素质是高职学生能够完成学业以及胜任将来所从事职业的基本保障。身心素质包括身体素质和心理素质两方面。没有健康的体魄，许多技能特别是对体力要求较高的技能就难以发挥；没有良好的心理素质，在实践中运用知识、发挥技能时，能力就会大打折扣。良好的心理素质同时也是塑造一个健全的、全面发展的人的一项必备素质。

身体素质指人体的结构和机能状态素质。它是人们完成活动的基础。高职学生应达到国家体育锻炼标准中该年龄段的要求，培养健康的体魄。

心理素质是指认知、情感、意志和个性等素质的综合。随着我国改革开放的深入，社会不断发生变迁，生活节奏加快，竞争加剧，许多由心理素质引发的问题凸现出来，高职教育要培养学生具有良好的情绪、健全的意志、和谐的人际关系、正确的自我观念、适度的行为反应、完整统一的人格和积极的社会适应力。

（二）高等职业教育专业培养目标的构建

一个专业的培养目标一定是一个可以落实的培养目标，这不仅表现在目标的定位合理，也表现在其要求是明确清晰而不是含混模糊的。为此，必须将培养目标逐层分解，对知识、能力、素质等各类目标要统筹兼顾、综合规划，使其在目标体系中各占应有的地位和比重，并且有计划、有步骤地落实到各个教学环节上。

专业培养目标首先要细化，分解为一套由知识、能力、素质各要素构成的目标体系；然后再分解转化为教学计划中各门课程的目标；再逐项分解到理论性的单元目标、课时目标，或实践性课程的各阶段目标上。在细化的过程中，同时构建了专业培养目标和教学目标，专业培养目标的构成在形式上应与教学目标相对应，内容表述上应与教学目标相衔接。

高等职业教育培养目标与其他高等教育具有差异性，当专业培养目标细化到比较具体的知识、能力、素质时，也表现出较大的差异性。普通高等教育在设计专业培养目标时，其专业的知识、能力、素质要求往往是从学科的角度出发的，适当结合社会用人单位的要求，从基础到专业，按照学科自身体系来确定教学内容；而高等职业教育则是以职业岗位的工作能力为核心，在提出专业的知识、能力、素质要求时，一般是从职业岗位分析出发的，从岗位能力要求中分析出教育培养目标的要求，以必须够用为原则选择各学科的知识。

目前应用较为广泛的高职教育专业培养目标的构建方法是借鉴 CBE（Competency Based Education，基于能力的教育）思想与开发课程的模式。

第三章 高等职业教育教学的理念创新

第一节 高等职业教育教学理念创新的缘由

一、高等职业教育教学理念创新的由来

（一）培养人才观念的形成

高职院校教育的根本任务是培养人才，而人才培养的主要途径是教学活动。改革开放以来，确立了知识本位的高职院校教育思想观念。

随着国家对人才培养质量的重视，人们开始重新认识和反思高等职业教育教学和科研的关系，进而确立了教学在学校工作中的中心地位，无论什么类型的高职院校教育，首要任务是人才培养，科学研究也要肩负起人才培养职能。高职院校教育必须把教学放在第一位，切实履行教师的基本职业职责。

随着世界高职院校教育发展和科技、社会进步对人才培养规格新要求的不断提出，能力本位观点越来越受到重视，社会更需要提供知识全面、技能过关的高素质人才。因此，对教学活动提出了新的要求：一方面是出于理论教学与实践教学的关系问题的考虑，既不能忽视理论教学又要加强实践实验教学；另一方面也是出于协调学校教育与社会教育的关系，既不能在学校教育与社会教育之间走极端，也不能过多增加学生的时间、经费、心理等学习负担。于是，新的教学中心地位理论逐步得到丰富和发展，在校内强调理论教学与实验，在科研活动中培养学生能力；在校外加强实习实训基地建设，建立产学研究机制。

（二）以专业教育为主的教育思想形成

一般认为，国际上高等教育大致有两种教学模式：一种是以苏联和德国为代表的专才教育模式，学生在校学习时间较长，既打基础，又进行实践训练；另一种是以美国为代表的通才教育模式，学生在校学习时间较短，主要是打基础，实践训练放到大学毕业以后。我国早先主要学习苏联模式，形成了专才教学模式。改革开放后，我们发现专才教育模式的许多问题，开始注意学习通才教育模式。

一般认为，现代专业教育思想源于美国国家功利主义视域下的科学主义高职院校教育哲学。20世纪初以实用为标准的功利主义教育观影响了美国几十年，美国更加重视高等职业教育教学的科学功利。1978年我国召开的全国科学大会提出了"向科学进军，迎接科学春天的到来"，此后一直成为国家教育方针政策以及学校教育教学工作重要指导思想的构成元素。但培养学生一技之长的专业教育思想很快也受到素质教育思想的挑战，因为国内外的人才成长和实践表明，仅有一技之长的人并不能担当高级专门人才的重任。随着世界科技的迅速发展，学科专业高度分化后再高度综合成为发展趋势，人才培养与社会工作都面临越来越复杂化，社会工作对人员合作、协调、组织能力等综合素质的要求越来越高，不仅要具有扎实的基础、宽广的知识面、较强的能力，而且要具有良好的思想政治素质、道德水平、健全的身体和心理素质。

以自由教育、人文教育、普通教育等形式出现的综合素质教育思想得以萌生，传统意义上的专门人才培养模式、观念逐渐被拓宽专业口径、增强"适应性"的呼声和"通识教育"的理念所取代，仅仅重视科学技术的"精、深、专"为"德才兼备""文理兼备"的人才目标所取代。随后，华中科技大学率先提出以人文素质教育为突破口，中共中央和国务院出台专门文件推进高职院校全面素质教育，并建立了一大批国家人文素质教育基地。人文素质教育要求对所有学生加强人文品格、人文精神的全面教育，是通识教育的具体体现。

（三）提高终身学习和终身教育观念形成

按照传统的职业教育观念，高职院校教育在教育序列中毫无疑问就是人一生的终结性教育活动。由于世界科技发展的日新月异以及世界性社会工作的不断变化，由联合国教科文组织的系列报告引发，以素质教育思想为理论支撑的终身教育、终身学习观念逐渐渗透到高职院校教育领域，高职院校教育究竟是终结性教育还是基础性教育一时成为学术界的争论热点。特别是高职院校教育达到大众化甚至普及化之后，高职院校教育的基础性就更加突出，高职院校教育只能为学生未来成为科技人才，从事科技职业打下知识、能力和继续学习的基础，而不能为未来准备好所需的一切。因此，高职院校教育人才培养必须更加重视比较宽广的学科领域、比较扎实的基础知识、比较强的学习和研究能力，也必须为在职人员提供高职院校教育后继续学习的条件。

（四）以学生为本的个性化教学观念逐渐生成

一场世界性的学习革命使高等职业教育教学模式必须适应受教育群体的历史性变化，这是高等职业教育教学创新的直接指导原则和方向。具体有如下表现。由单纯掌握知识转变为更加注重智力发展和能力培养；由单纯专业知识和能力培养转变为同时注重拓宽知识面，培养具有包括外语能力、经管能力、交往能力等多种能力的复合型人才；由单纯注重统一的培养规格转变为同时注重发挥学生的多样化特长和学习潜力；由偏重理论知识转变为同时注重实际知识，进一步强调理论与实践相结合等。

因材施教，促进人的全面发展是一条基本教育原则。为了突出学生在人才培养中的主体地位，在教学管理、教学环节、教学方式等方面也要将统一的、固定的人才模式变革为多样化、个性化的教学过程和教学形式。既努力拓宽专业口径又坚持按专业培养人才；既制定人才培养目标和基本规格又给予学生充分自由的发展；既坚持教学工作的计划性又给予学校、专业、教师和学生较大的灵活性。在教学管理上，推行学分制，实行选课、选专业等灵活的制度和政策。

二、高等职业教育教学的变化趋势

进入 21 世纪以来，随着我国高职院校教育大众化进程的不断推进，高职院校教育条件保障机制等方面遇到了困难。政府和高职院校积极实施"高等学校教学质量与教学创新工程"，既改善高职院校教育的条件保障状况，又注重将物化的环境与条件转化为人才培养所必需的制度建设，不断推进教学思想观念创新。

（一）建立健全的教育观

健全的教育观具体表现在创新高职院校教育资源共享上，通过新教材和立体化教材建设、网络教育资源开发和共享平台建设，面向全国高职院校教育的精品课程和立体化教材的数字化资源中心建设，建成一批具有示范作用和服务功能的数字化学习中心，完善终身学习的支持服务体系，提升我国高职院校教育的质量和整体实力。这需要充分考虑提高教学质量的系统性和复杂性，确定一些具有基础性、全局性、引导性的创新突破口，引导高等职业教育教学创新的方向，实现高职院校教育规模、结构、质量和效益协调发展。同时，也需要调动政府、学校和社会各方面的力量，把发展高职院校教育的积极性引导到提高质量上来，充分利用各方面力量支持高职院校教育的发展，切实解决高职院校教育在提高质量方面的实际问题，为高职院校教育办学创造良好的外部环境。

（二）高等职业教育教学创新

高等职业教育教学创新与高职院校教育质量提高是一对永恒的话题。总体而言，我国高等职业教育教学创新在实践活动上可谓阵容庞大、气势恢宏，但在形式和内容上出彩不多。因此，在教学制度创新方面，要继续建立和完善教学评估制度、专业认证制度、高职院校教育基本状态数据发布制度等；在教学活动创新方面，不仅要落实"教授、名师要上课堂"，还要努力建设高水平的教学团队。同时，应继续突出学生的主体地位，不断加大学生选课、选专业余地，通过学分制使学生学习的自主性、自我责任心进一步增强。通过各级各类大规模、高强度的教学研究与教学创新立项和成果奖励，推动教学方法创新的激励机制。

第二节　高等职业教育教学理念创新的思路

一、更新教学理念

（一）更新教育思想，形成实践教育教学理念

实践是指将高等职业教育教学内容中的自然科学知识、人文知识、德育等各种理论知识，通过具体的系统教育实践来消化、固化、融合、升华。在实践中统一科学教育与人文教育，把实践育人贯穿人才培养的全过程，培养学生的实践能力和创新精神，提升个人人文素质和科学素质，达到完全与社会实际需要相符合。高职院校在校园文化建设中要建立一种新的激励机制，带动学生积极开展创新创业活动，并给予大力支持，全面推进实践教育。

（二）树立以生为本的教学理念

在教育教学中体现对学生主体地位的充分理解和尊重，对学生潜能的充分诱导和挖掘；对学生人格的充分培养和塑造；把学生的个人意愿、社会的人才需求、学校的积极引导有机结合起来，使学生在知识、能力、思想道德、身心健康等各方面得到均衡、全面的发展，从而促进学生成长成才。这一教学理念要充分贯彻到高职院校教学环节的各个方面。在教学模式上，实施弹性教学计划，建立学分制、主辅修制，让学生有一定的选择权和支配权，着力于学生创新能力和实践能力的培养；在教学目的上，要一切为了学生，为了学生的一切。在教学方法上，要大力提倡"以学生为主体、教师为主导"的互动式教学方法，鼓励进行问题式、案例式、讨论式、情境式教学法，开展"启发、互动、探究"的课堂教学实践，采取一系列措施，使教师由传统式知识传授型教学向现代式研究型教学转变，引导学生由被动接受型学习向研究型学习转变。

（三）灵活多样的教学组织形式

在教学组织的具体实施方面，应采取灵活多样的教学组织形式，对传统教

学方式进行创新，充分发挥学生的个性，对学生进行激发和引导。学生经过探索研究学会自主学习，教学方式以传授知识向培养学生认知能力和全面素质转变。转变以教师、课堂、书本为中心的教学局面，进行师生互动，展开专题讨论，鼓励自主探索与合作的学习方式，培养学生的探索精神与批判性思维。重视教学的创新性和学生个体间的差别指导，让学生在与教师的朝夕相处中耳濡目染。以学生亲自动手实践为主，采取提供实践平台、鼓励学生积极参与科学研究实践课程创新的手段，增强教学活力，培养学生获取新知识、分析和解决问题、交流与合作的能力。

（四）制定均衡的高职院校教育资源配置政策

在重点大学和普通大学之间实现教育资源配置均衡。在建设和发展"双一流"大学的同时也要兼顾一般大学，着力改善一般大学的办学条件。还要针对目前不同区域间高职院校教育差距越来越大的现象，制定相应区域高职院校教育政策，寻求不同教育资源在区域间配置的平衡，增强区域高职院校教育发展的动力。

科学合理地安排高职院校教育的学科专业布局，加强教学内容和课程体系创新。合理设置课程，高职院校的办学理念、专业与课程设置、教学模式要与社会需求相一致，培养与社会需求相符的人才。首先，在进行学科专业建设时依据"厚基础"原则构建培养本学科专业人才的基础知识、能力和素质结构。其次，在安排学科专业布局时要依据"宽口径"原则，拓宽学生的专业知识面，把专业设置从对口性向适应性改变，实行"宽口径"的专业教育，优化课程整体结构，拓宽专业课程交叉培养，提高教学质量和学生的综合素质，培养学生科学、全面发展，为社会提供高素质人才。最后，高职院校要抓住自身特色，合理定位，遵循差异性原则，建设优势学科，避免模式单一，合理配置教育资源，促进高职院校教育科学发展。

（五）因材施教，树立以生为本的教学理念

因材施教，就是根据不同学生的个性特点来进行不同的教育活动，通过对

差异性的辨析制订出适合其特点的教学计划。教育公平的实质不是使每位学生都要获得同样的教育，而是使每位学生都获得适合自身的教育，这就是教育公平的适合性原则。我们要充分认识到学生是教育活动的主体，学生是独立发展的人。每个学生都有自己独特的个性，我们要做到在制定教学目标、教学模式、教学内容以及教学方法等方面坚持以生为本的教学理念，尊重学生的主体地位，充分挖掘学生的潜能，使学生的个性得到充分发展，塑造学生的健全人格，促进学生的全面发展和教育公平的实现。

（六）构建高等职业教育教学质量保证体系

高等职业教育教学的质量直接影响着人的全面发展，最终影响经济社会的发展，我们要依据相应的政策法规建立高等职业教育教学质量保证体系，规范学科专业建设，避免重复建设和教育资源浪费，构建独立的、有权威性的高等职业教育教学质量评估机构，加强对高等职业教育教学质量的监督，完善高等职业教育教学评估政策，充分发挥社会的监督作用，对高等职业教育教学质量进行监督。

总而言之，追求高等职业教育教学公平是促进高职院校教育公平的核心所在，也是促进高职院校教育创新发展的不懈动力，我们必须继续深化高等职业教育教学创新，优化高职院校教育结构，不断提高高等职业教育教学质量，实现学生全面发展，最终促进高等职业教育教学公平的实现。

二、办学特色形成

办学特色的形成如下所述。

第一，教育教学创新，培育办学特色。一所有特色的高职院校必定拥有自己独特的教育思想和教育教学理念，这种教育思想和教育教学理念能够在特定的时空环境，指导高职院校在办学发展过程中的办学思想和办学理念，并能适应时代和社会对教育和人才培养的要求，符合教育思想和教育教学理念的创新要求，符合教育创新发展和社会进步的一般规律，能够促进教育发展、人的全面发展及人才培养过程的优化。教育教学的创新必将带来教育思想的转变,先进的教育思想必将促进先进办学思想的实践,包括新的办学目标、办学模式、办学标准等。

第二,构建学科特色,促进办学特色。学科特色建设是促进高职院校办学特色形成的关键所在。学科建设作为高职院校培育人才、科学研究和服务社会三大职能的具体承担者,它的建设和发展水平对高职院校的人才培养、科学研究、专业建设和师资队伍建设等方面的质量有着重要影响,对高职院校办学特色的形成有着强有力的支撑作用,并决定学校的服务能力和水平及办学层次的提高。学科特色是高职院校办学特色中的标志性特色,是构成高职院校教育核心竞争力的主要组成部分。学科特色,一是指特色学科,指某一特定的学科特色;二是指学科结构体系特色,指由几个特色学科共同组成的学科特色。特色学科是学科特色发展的基础,学科结构体系特色是学科特色的扩展,真正的特色学科具有不可替代性,是难以被模仿和复制的。

高职院校在学科建设上不能求"大"、求"全"、求"新",而要求"精""尖",要因校制宜地构建优势学科,发挥优势学科所附带的"品牌"效应,形成办学特色。田长霖教授曾经说过,"世界上地位上升很快的学校,都是首先在一两个学科领域有所突破,而不可能在各个领域同时突破,达到世界一流。学校要全力支持最优秀的学科,要有先有后,把优势学科变成全世界最好的,其他学科也就会自然而然地提升上来。所以,从某种意义上来讲,一所高职院校的学科优势所在,也就是这所大学的办学特色所在。"

第三,发扬高职院校精神,形成办学特色。高职院校应该是思想自由、学术自由,培养人、完善人,不断提升人格和道德,追求学术真理的地方。高职院校精神就是在学校里做学问的心理状态和文化立场。高职院校精神是一所学校所有成员在长期办学实践中共同创造、传承,逐步发展起来的,被学校所有成员共同认同而形成的一种精神理念,它反映了一所学校的历史文化传统以及面貌,是学校的精神信念和意志品质的准确表达,是学校独特气质的精神形式和文明成果的表现,也是学校所有成员的精神支柱。高职院校精神犹如个人的品格，是高职院校最为核心和高度抽象的价值追求和行为规范，决定着高职院校的行为方式和高职院校发展的方向，是高职院校存在和发展的基石，是高职院校的灵魂和本质之所在。高职院校精神是高职院校保持永久活力的源泉，是高职院校优良传统文化的结晶，是高职院校在长期教育实践中积淀下来的最具典型意义的精神象征，体现了高职院校所有的群体心理定式和精神状态，展现了高职院校的整体面貌、风格、水平、凝聚力、感召力、生命力，最终凝聚形成独有的办学特色。高职院校的办学理念以及办学实践应该有利于高职院校精神的形成和发展，并使之形成一种特色教育，经久不衰。

三、推进师资队伍建设

逐步取消高职院校行政级别，精简高职院校管理机构，压缩行政费用开支，教师真正在高职院校中处于主导地位，同时进行师资队伍建设。百年大计，教育为本；教育大计，教师为本。教师的工作是塑造灵魂、塑造生命、塑造人的工作。一个学生遇到好教师是人生的幸运；一所学校拥有好教师是学校的光荣；一个民族源源不断涌现出一批又一批好教师则是民族的希望。国家繁荣、民族振兴、教育发展，需要我们大力培养造就一支师德高尚、业务精湛、结构合理、充满活力的高素质专业化教师队伍。

（一）优化高职院校师资队伍结构

高职院校师资队伍的结构内容主要包括教师的学历、职称、年龄这几个方面，它可以直观地反映出教师队伍的质量、能力和学术水平等基本情况。

近年来，政府陆续实施了"高层次创造性人才工程""高职院校青年教师奖""骨干教师资助计划""硕士课程进修"等多项高级资质队伍建设工程。我们要继续加大对骨干教师和优秀学科带头人的引进力度，强化高层次带头人队伍建设。对于高职称的学科、学术带头人，紧缺专业人才要给予一定的政策倾斜；根据学科发展的目标，有目的地吸引高层次人才，以确保高职院校师资队伍的职称结构比例合理。加强本校优秀人才的培养，吸引来自不同地区和高职院校的人才。引进与培养相结合，推动人才与资源的有效整合，以利于各学科专业教师整体知识结构的优化，最终促进高职院校师资队伍结构的协调发展。

（二）提高高职院校教师综合素质

高职院校师资队伍建设是高等职业教育教学创新发展的基石，它直接关系着高职院校教学质量的提高。高职院校教育的快速发展对高职院校教师的教育教学思想、知识结构、教学方法等综合素质提出了更高层次的要求，要求教师具有熟练应用现代信息技术和现代教育手段的能力、教学与科研的创新能力、理论联系实际的能力、将知识服务于社会的能力以及良好的社会交往能力，要建设这样一支学术过硬、综合素质较高的教师队伍，我国的高职院校教育师资队伍建设任重而道远。提高高职院校师资队伍的综合素质要把师德建设放在首位。师德建设是师资队伍建设的基础，不断加强师德建设，是全面贯彻党的教育方针政策的根本保证，是培养德才兼备的、高素质的社会主义建设者和接班人的必然要求。在高职院校师资队伍建设中要遵循"以人为本"的原则，牢固树立"师德兴则教育兴、教育兴则民族兴"的爱国主义教育教学理念，要求教师不断更新观念，用现代教育思想充实自我、完善自我，推进高职院校师资队伍建设，建设一支为人师表、作风优良、爱岗敬业、治学严谨、教学科研能力强、与时俱进的高素质教师队伍。

提高高职院校师资队伍的综合素质要注重教师教学素质的培养。教学是培养人才的直接途径，也是高职院校的主要工作，教师是教学的实施主体，培养教师的教学科研能力是提高教师教学水平的主要途径。要改变过去只注重学历的提高而忽视教育教学能力培养的状况，既要注重教师专业学术水平的提高，也要重视教师教学水平的提高。要求教师掌握教育教学理论、教学方法以及教学规律，增强教师提高教育教学水平的积极性和自觉性。加强教师对科研工作的重视，为教师提供进行科研创新的条件，提高高职院校师资队伍的科研能力、学术水平和教师职业化水平。以"特色专业—精品课程"建设和聘任重点学科带头人为龙头，加强重点学科带头人、学术带头人、学术骨干队伍建设，在部分学科领域形成独具特色的人才群体，致力于学术大师和教学大师的培养，带动师资队伍整体水平的提高。

总之，我们要把高职院校师资队伍看作一个整体，通过多种方式培养高职院校师资队伍的现代教育教学。提高教师的专业理论学术水平、教育教学能力、科学研究能力以及科学文化素养，全面提升教育教学功能、团队协作功能、科研开发功能及社会服务功能。使其掌握先进的教学、科研方法，具有崇尚科学、勇于创新的开拓精神，具有为高职院校教育事业不懈追求的精神，为高职院校培养一支具有良好的职业道德、较强的教学科研能力和充满活力的高素质师资队伍。促进高等职业教育教学质量和水平的提高、师资队伍建设的良性循环、我国高等职业教育教学创新，为高职院校教育创新的跨越式发展奠定基础。

四、创新课程体系及教学内容

（一）课程体系创新

首先，要优化和调整学科专业课程结构，因材施教，分层次教学、分类别培养，同时进行主辅修、双学位、定向培养、中外合作办学等多样化的人才培养模式，在满足不同基础学生学习和发展需要的同时也能促进人才培养质量的提升。其次，在课程结构上，打破传统的单一课程结构类型，即分科课程、国家（或地方）课程、必修课程，重新调整课程结构，优化课程体系。综合课程、必修课程和选修课程都要各自占有一定的比例，以"本科规格+实践技能"为指导，重视学生的个别差异，坚持四个结合，即理论与实践、人文教育与专业课程教学、课内与课外、校内与校外相结合，构建一种合理适合学生发展的课程体系，最终培养学生具备两个方面的素质——文化素质与创新素质，提高四个方面的技能——基本技能、通用技能、专业技能、综合技能。

在高职院校基础课程教育上，构建综合基础教育体系，所有学科专业进行国防教育、人文教育、自然科学基础教育、德育实践等基础知识培训。构建综合实践体系，搭建公共实践平台，包括专业实验、实习、设计、毕业设计（论文)、德育实践、科技文化实践、创新实践等;还要构建学生实践能力考核体系,对学生的综合实践能力进行考核,进行"创新课程"研究,转变理论基础。创新课程所依据的理论基础由心理学扩展为社会学、经济学、文化学、政治学和生态学等更具包容性的学科领域。创新不仅包括首次创造,也包括对他人所创造出来的成果进行重新认识、重新组合和设计应用。

创新课程并不是以学科的方式向学生传授一整套如何创新的知识、方法和策略,也不是以学生获取学科知识为中心,而是以综合实践的方式为学生提供相对独立、有计划地进行研究性学习、设计性学习、体验性学习、实践性学习、反思性学习和生活性学习的机会,让学生从自己的现实社会生活中自主选择研究课题并通过对开放性、社会性、综合性和实践性问题的探究,形成自己独特的学习方式,培养学生的创新精神、探究能力、开放性思维、社会实践能力和社会责任感。同时,创新课程也是一种创新性理念,指在一种课程开发与实施的过程中除了独立的综合实践课程之外,原有的课程在具体实践中都要设置一些必要的干扰性因素,并通过课程内容的复杂性、模糊性来增加课程的难度,以培养学生的探究能力。

(二)教学内容创新

遵循"厚基础、宽口径、强能力、重质量"的复合型人才培养原则,重新规划和设计教学内容与课程体系。改变过去只在专业学科范围内设置专业课、专业基础课、基础课的"三级"课程编排方式,构建专业必修、专业选修、学科必修、公共必修、公共选修五大课程体系,对教学内容与课程体系进行重新规划和设计。按照学科专业普遍大类平行设计学科专业类课程、公共基础课程、文化素质教育课程和实践性教学课程等较大教学课程内容体系,增加选修课,减少必修课,对公共课进行分级分类教学。

厚基础就是使学生熟练地掌握各个学科专业的基础理论、基础知识、基本技能,并能扎实地运用到实践中去,强化学生基础知识体系,打造精品课程。进一步加强学生基础理论、基础知识、基本技能和基本方法的学习与实践,进行优秀主干课程建设和基地品牌课程建设,重点建设基础较好、适应面广的学科专业基础课、主干课和专业课,使之达到国家精品课程建设标准。

宽口径就是拓宽学生的专业知识面,把专业设置从对口性向适应性改变,实行宽口径的专业教育,提高学生的综合素质,为社会提供高素质人才。在课程体系建设上,优化课程整体结构,拓宽专业课程交叉培养,提高知识质量,加强学生文化素质教育;在公共必修课程之上可以设置学科必修课程,按照分类搭建课程平台,注重文理交叉,在课程体系中设置跨专业课程,强化专业渗透,为学生的宽口径发展搭建学科基础平台。优化学生知识结构,让学生根据自己的专业特长、兴趣爱好和发展趋向自由选择,进一步拓宽专业口径,培养学生综合素质。

强能力、重质量就是从培养学生全面发展、提高学生综合素质出发,以分析、模拟、教学等基本形式展开实践教学,加强课堂内外的实践教学环节,并通过组织社会实践、社团活动、专业实习等实践活动培养学生的务实能力、操作能力,注重学生的人格塑造,充分挖掘学生的潜能,注重培养学生"从一般到个别"的解决能力,着重训练学生"从个别到一般"的调查分析能力,帮助学生养成可行性分析的良好思维习惯,使培养出的学生具备强能力、高质量。

(三)注重实践教学创新

针对我国高等职业教育教学创新中出现的各种状况,《教育部财政部关于实施高等学校本科教学质量与教学改革工程的意见》(教高〔2007〕1号)中决定实施教育教学质量工程,中央财政投入大量的资金支持质量工程建设。同时,根据《教育部关于进一步深化本科教学改革全面提高教学质量的若干意见》(教高〔2007〕2号),指出要重点落实实践环节,拓宽高职院校学生校外实习、实践渠道,与社会、行业以及企事业单位共同建设实习、实践教学基地,力求提高高职院校学生的实践能力。对学生进行实践教育,并多方面采取各种有效措施,确保学生专业实践和毕业实习的时间和质量,把教育教学与社会实践紧密地结合起来。

开展实践教学，要求学校通过开辟各种有效途径为学生搭建实践平台，建立一批相对稳固的课内外学生实习和实践基地，并积极组织学生进行社会实践、调研、实习等活动，逐步培养高职院校学生的敬业精神，培养他们艰苦奋斗的精神和坚韧不拔的意志，有计划、有目的地推动大学生自觉自愿地加强职业道德素养。逐步培养学生的实践创新能力，积极支持学生创新创业活动，致力于学生创新素质的发掘和培养。创新素质主要包括创新意识、创新精神、创新能力三个层面的内容。在一个创新型国家的建设进程中，这种全新的创新素质逐渐成为学生在就业市场竞争中的核心竞争力。

五、教学模式和方法创新

人才培养是一个复杂的系统工程，必须不断探索其内在的规律，摒弃不合理的教学模式，认真细致地研究教学，研究其内在的多重因素——教学理念、教学内容、教学方法、教学模式等，从而掌握教学的规律。因此，我们提出了"教学民主"的教学观念，对传统的教学模式进行创新，开创研究性教学、开放性教学和互动性教学等一些能够体现"教学民主"的经典教学模式，充分突出学生的主体性地位，激发学生的主动参与意识，开发学生的学习潜能，创设民主、和谐的学习氛围，指导学生学会学习，在教学中建立一种和谐的师生关系，充分调动学生学习的自发性和积极性，保证学生全面和谐发展。

（一）推广研究性教学，培养学生的创新意识

教学从知识传递向注重能力培养的转变，必然要求教学方式方法的变革，推进研究性教学正是深化教学创新的重要路径，也是研究型大学人才培养的一个基本特征。研究性教学是一种将教师自身的研究思想、方法和最新成果引入教学过程的教学模式。研究性教学通过使教学建立在科研基础上，科研促进教学的提高，教学与科研互动并向学生开放，引导学生在参与教学过程中步入科研前沿，激发学生主动思考、主动探索、主动实践的创新意识。

第一，研究性学习的过程是情感活动的过程。通过让学生自发地参与探究

性学习活动，获得体验，逐步形成一种在日常生活和学习中勇于探索、努力求知的良好习惯，从而激发探索和创新的积极欲望。

第二，研究性学习的过程就是一个探索的过程。在一个相对开放的环境中寻找和解决问题的过程。通过这一过程，培养学生的思维能力，培养学生发掘和解决问题的能力，有助于学生掌握一些科学的学习方法。学生对资料的收集能力、分析能力、总结能力以及学会利用多种有效手段、多种途径获取信息都有积极的推动作用。

第三，研究性学习的过程是一个互动的学习过程。在这个互动的学习过程中离不开学生与团体、学生与学生之间的沟通与合作，可以说研究性学习为学生提供了一个人际沟通与合作的良好空间，为学生分享研究资料、学习信息、创意和研究成果以及发扬团队精神提供了一个很好的交流平台，培养学生学会合作、发现问题、克服困难、共同解决问题的能力。研究性学习的过程也是一个实践的过程，要求学生从实际出发，实事求是，尊重他人研究成果，严谨治学，积极进取。

第四，研究性学习的过程是一个培养学生素质全面提高的过程。通过学习实践加深了对科学的认知以及科学对自然、社会的积极意义与价值，使学生懂得思考国家、社会、人类与世界共同进步、和谐发展的伟大命题。在培养学生的创造能力和实践能力之余还培养了学生形成积极的人生观、价值观。研究性学习过程也为学生提供了综合运用各门学科知识的机会，加深了学生对已学知识的重新记忆，培养学生的积极参与能力以及自主创新能力。

（二）推广开放性教学，培养学生的创新能力

开放性教学是为了鼓励学生主动积极地去探究知识规律，对传统教学过程中影响学生发展的不合理因素进行创新，从而培养学生自主创新性学习能力的新型教学。开放性教学的主要思想在于以学生的发展为本，通过教学目标、教学方法、教学内容以及整个教学过程的开放，从传统的课堂教学走向开放式教学，充分发挥学生的主体作用，让学生自己掌握学习主动权，自己去探索、发现，

培养学生的创新能力。在开放性教学中，教师不能拘泥于教材、教案的内容，要给学生提供充分发展的空间，创设有利于学生自主发展的开放式教学情境，根据学生的发展情况不断调整教学过程的每一个环节，激发学生学习的动力，促进学生在积极主动的探索过程中健康、全面、和谐地发展。开放性教学不只是一种教学方法、教学模式，它还是一种教学理念，它的根本目的是让学生的创新潜能得到充分发展，以开放的教学活动过程为路径，以最优教学效果为最终目标。

（三）开创互动性教学，提高教学质量

互动性教学就是在教学过程中充分发挥师生双方的主动性，师生之间相互交流和探讨，促进师生共同发展，最终共同完成教学目标的一种教学模式。互动性教学可以活跃课堂气氛，能够及时反馈学生的学习进度以及掌握知识的规律。互动性教学包括教与学的互动、教学理念的互动、心理的互动以及形象和情绪的互动等。互动性教学是一种富有生命力的创造性教学，有着现代性、互动性和启发性的特点。它要求教师按教学计划组织学生系统而有目的地学习，并要求教师按学生的发展要求有针对性地因材施教。促进教师努力探索、学习，不断提高自己的专业水准和教学水平；同时激发学生学习的积极性，促进学生个性的发展，提高教学效果和效率，最终提高教学质量。互动性教学以学生为主体、以教师为主导，提倡师生平等的沟通、交流，让学生在没有压力的情况下轻松自由的学习，让学生参与教学计划、教学决策，有利于培养学生自觉学习和主动学习以及创新学习的能力。

六、重视高职院校学生文化素质教育

学生文化素质教育是高职院校高质量人才培养的重要组成部分，是我国高等职业教育教学创新的一个重要方面，要将文化素质教育贯穿于高职院校教育的全过程，进而实现教育的整体优化，最终达到教书育人的目的。高职院校学生的基本素质包括文化素质（思想道德素质）、专业素质和身体素质，其中文

化素质是基础。文化是人们创造的物质和精神成果，是人类活动的对象化、物化，是人观念存在的形式，是超越个人的实物形态或观念形态。一种文化一旦被创造出来，就不再受时间、空间、个人的限制，就会被广泛地传播和使用。文化素质就是人们所拥有文化知识的内在积淀，文化素质对于人生观、价值观的形成具有基础性的决定作用，并最终成为行为的指导规范。同样，人们已有的人生观、价值观也会反作用于文化素质。提高学生素质教育，主要是指文化素质教育及创新精神、实践能力的培养。文化素质教育重点指人文素质教育，主要是加强学生文学、历史、哲学、艺术等人文社会科学、自然科学方面的教育，提高全体学生的文化品位、审美情趣、人文素养和科学素质。

（一）提高高职院校学生文化素质教育的目的和意义

国家要发展，经济是中心；经济要振兴，科技是关键；科技要进步，教育是基础。由此可见，教育在我国发展中重要的作用和地位。在发展过程中，需要主体——人，有知识、有文化、有创造力的人进行社会发展和变革。因此，发展最根本地又被归结为人的发展。高职院校教育主要是培育有知识、有文化、创新型人才，高职院校教育能够产生新的科学知识、新的生产力。高职院校教育的三大职能之一是发展科学，高职院校教育在传输知识、培养人才的同时，也创造新的科学理论。高职院校教育培养的不同专业、不同层次的各种文化素质人才在社会生活各领域发挥作用，将直接、间接地影响全社会的可持续发展，可持续发展的教育观念即是应从全社会可持续发展的角度来审视教育的创新与发展。在高职院校教育中，我国从办学体制、投资体制、管理体制、教育教学、招生就业、考试制度等方面进行了多层次的创新，逐步走上了一条可持续发展的新道路。当然这条道路并不平坦，在进行创新的过程中会有诸多问题凸显出来，其中提高高职院校学生文化素质教育显得尤为重要。

（二）观念变化对高职院校学生文化素质的影响

我们生活的时代正处于急剧变革的社会转型时期，人们的生存方式和形态也随之发生了历史性的变化。目前，受社会上一些现象的影响，各种媒介的导向作用，我国高职院校学生的价值观、文化观都发生了巨大的变化。价值观是人们对人和事的评价标准、评价原则和评价方法的观点体系，具体表现为信念、信仰、理想和追求等形态。一定的价值观反映着在一定生产关系条件下人们的利益需求，决定着人们的思想取向和行为选择。在经济日益全球化的今天，经济的迅速发展，物质的极大丰富，也在刺激着高职院校，高职院校学生作为最敏感的社会群体之一，其价值观也随之不断变化。当前经济发展、教育创新与媒体导向等是影响大学生价值观变化的主要因素。

文化观是一个人对待文化的态度。我们要树立正确的文化观，不狂妄自大、不妄自菲薄。合理对待外来文化，不一概排斥，也不崇洋媚外。

（三）提高高职院校学生文化素质的途径

提高学生文化素质教育，必须将文化素质教育贯穿高职院校教育的全过程。要求培养出的学生具备人文科学素质、自然科学素质、较强的综合能力，综合能力包括观察分析能力，研究思考能力，语言、文字表达能力，决策能力，组织能力，处理复杂关系的能力以及应用计算机和现代信息技术进行学习、工作和生活的能力等。实现教育过程的整体优化，最终达到教书育人的目的。提高学生文化素质，必须从以下三个方面做起。

第一，提高学生文化素质教育，高等院校必须转变教育观念，进一步加大教育教学创新力度，建立科学的课程体系，创新教学内容和教学方法。首先，转变教育思想并更新教育观念。我们要转变教育思想、更新教育观念，在教育过程中要注重对学生创新能力的培养，开发学生的潜力，让学生在受教育过程中享受到创新的乐趣，积极进取，把学生培养成为全面发展的人；其次，构建科学的课程体系，进行教学内容和课程体系创新，充分发挥以课堂教学为主体的导向作用。文化素质不能纯粹以自然的方式在现实生活中靠个体的感悟和体验来获得或提高，而是需要精心设计和安排，以科学而系统的课程体系为支撑，通过发挥课堂教学的主导作用，实现学生文化素质教育的目的。总的来说，要全面提高高职院校学生的科学素质与人文素养。在具体教学过程中，应强调人文与科学的自然渗透与融合，运用文、史、哲、自然科学等多学科门类的知识内容来构建多学科交叉的高职院校课程体系，为培养学生科学素质和人文素养提供广博而深厚的文化底蕴。强调课程体系的科学性，使学生通过各种必修课和选修课的学习和探索，形成合理的知识结构和深厚的知识基础。

第二，提高学生文化素质教育，高等院校必须提高教师队伍质量，使教师的科学素质和人文素质全面提高。蔡元培曾说，"大学为纯粹研究学问之机关，不可视为养成资格之所，亦不可视为贩卖知识之所。学者当有研究学问之兴趣，又当养成学问家之人格。"[①]"师者，所以传道授业解惑也。"教育工作者是社会主义核心价值体系的宣传者和教育者。"身教重于言教"，教育工作者要发扬严于律己、以身作则、率先垂范的优良作风，自觉自愿地做到诚信、肯学、肯干，带头实践我们所提倡的道德标准、价值观念和理论要求，真正起到教育和带动广大学生的领头作用。只有这样，才能真正提高和发挥社会主义核心价值体系中教育工作的说服力、吸引力和感染力。

第三，提高学生文化素质教育，必须创新人才培养模式，把知识、能力和素质三者有机地结合起来，贯穿高职院校教育的全过程。培养学生拥有良好的文化素质修养，不仅是传授文化知识，而且要教给他们获取知识的方法和技能，在获取知识的同时，让能力得到充分的发挥，个人素质得到充分提高，这才是教育创新的最终目的，这才是教育的真正目的。蔡元培先生曾指出，教育是帮助被教育的人，给他能发展自己的能力，完成他的人格，于人类文化上尽一份责任；不是把被教育的人，造成一种特别器具，给抱有他种目的的人去应用。[②]

总而言之，需要全社会的积极配合，媒介充分发挥积极正面的舆论导向作用等。只有这样，才能培养全面发展的学生，才能成为有益于社会、有益于人类的新型知识人才，才能推动教育创新，才能推进整个社会的可持续发展。

---

① 蔡元培．蔡元培学术论著[M]．绿林书房辑校，杭州：浙江人民出版社，1998．
② 蔡元培．蔡元培学术论著[M]．绿林书房辑校，杭州：浙江人民出版社，1998．

七、人力资源强国战略推动高等职业教育教学创新

实施人力资源强国战略,关键在于建设高职院校教育强国。进入21世纪,国家站在创新开放和加速社会主义现代化建设的高度,提出了实施人力资源强国战略的重大举措。

高职院校的职责就是为建设高职院校教育强国提供强有力的人才保障和科技支撑。当前我国高职院校教育已经实现跨越式的发展,成为一个高职院校教育大国。要想建设成为一个人力资源强国,必须以人为本,从创新教育观念、突出高职院校办学特色、深化高等职业教育教学创新和完善体制等方面全面推进高职院校教育创新,将我国从人口大国建设成为人力资源强国。我国高职院校教育人力资源开发的构想是坚持"人力资源是我国持续发展的第一资源"的战略决策。从2011年到2020年,高职院校教育入学率达到40%,各类高职院校教育在校生人数达到3300万人左右,高职院校教育普及程度快速提高,研究生在校生人数达到200万人以上。[1]打造若干所世界高水平大学,造就一批世界级先进学科,大幅提高国家科技的原创力,培养一大批拔尖创新人才;从2021年到2050年,高职院校教育入学率达到50%以上,进入高职院校教育普及化阶段,各级教育都达到较高发展水平,实现从追赶到超越的战略转变,跨入教育发达国家行列,成为世界高职院校教育人力资源强国。

我国从高职院校教育人口大国迈向高职院校教育人力资源强国的构想是从2002年到2020年,每百万人口中科学家和工程师人数达到1500人左右;从2021年到2050年,每百万人口中科学家和工程师人数达到3000人左右。[2]我国必须在全面建设经济型社会的同时全面建设学习型社会,强化高职院校教育人力资本投资,使我国高职院校教育人力资源的结构更加合理、总量更加充足、质量更加提高、体系更加完善,最终带动学生的学习能力和就业能力发展,提高学生的整体素质和综合能力,使我国从教育人口大国迈向人力资源强国。

---

[1] 张露汀,杨锐,郑寿纬.高校教育教学创新研究[M].吉林人民出版社,2021.
[2] 张露汀,杨锐,郑寿纬.高校教育教学创新研究[M].吉林人民出版社,2021.

第三节 高等职业教育教学理念创新的举措

一、树立终身教育的教学理念

终身教育、终身学习的思想是近代以来各国教育界乃至思想界的热门研究课题之一，构建终身教育体系、创建学习型社会也逐渐成为联合国以及世界各国指导教育改革和社会发展的基本理念。终身教育论者认为教育具有时空的整体持续性，即教育与学习"时时都有，处处皆在"。传统教育往往将人的一生分割为三个时期，即学习期、工作期、退休期。终身教育则冲破传统教育的观念，认为教育活动应当包括人发展的各个阶段及各个方面，既包括纵向——一个人从胎教开始直至死亡的各个不同发展阶段所受到的各级各类教育；也包括横向——从学校、家庭、社会等各个不同领域受到的教育。

《中华人民共和国教育法》指出，要"建立和完善终身教育体系"。《面向21世纪教育振兴行动计划》进一步明确提出，"终身教育将是社会生产力发展与社会进步的共同要求"，要"基本建立起终身学习体系"。可见，终身教育、终身学习，已经成为社会教育理想，建立和完善终身教育体系，已成为我们义不容辞的职责。因此，要树立终身教育的教学理念，将各类教育形式有机结合，合理配置，创新高职院校教育的教学模式。高职院校教育肩负起发展终身教育的重任，依据社会的发展、职业的需求搞好高职院校岗位培训、知识更新和继续教育，尽可能满足社会和经济发展培养各种人才的要求。

强化开放办学的指导思想。联合国教科文组织1996年发表的《教育——财富蕴藏其中》中指出："如果大学能向所有希望恢复学习、接受和丰富知识或渴望满足文化生活的成年人敞开校门的话，大学就能成为人们一生中受教育的最好讲台。"世界许多国家通过开放办学使高职院校教育从精英教育转向大众教育，甚至普及教育。

我国高职院校教育由传统办学转为开放办学，一方面要大力发展远程教育和网络学校，采取"宽进严出"政策，向每一个人提供接受本、专科水平的高职院校教育。远程教育和网络学校不受时间和空间限制，更加适合各类在职人员的学习需要，部分取代传统高职院校教育的函授、夜晚学校和自学考试等多种助学方式，成为 21 世纪高职院校教育发展新的生长点；另一方面要充分利用高等学院的学生是社会主义经济建设当班人这个得天独厚的优势，与企业、社会建立更为密切的关系，把学校办成教学、科研和经济建设的联合体，提高高职院校教育在市场经济条件下的办学效益和造血功能，使高职院校教育在自身发展壮大的同时，进一步提高为社会服务的功能。具有强烈的国际意识，推进和发展高职院校教育的国际交流与合作，大胆吸收和借鉴世界高职院校教育的成功经验，使我国的高职院校教育成为一个面向社会、放眼世界、兼收并蓄、博采众长的开放体系。

二、拓展德育教学的教学模式

从职业发展理论来讲，高职院校教育在德育教学上的问题，将影响职场个体的职业发展精神和职业道德素养的培育。但是高职院校教育对象的特殊性，决定了学员德育教学的艰巨性、复杂性。一般意义上的德育教学很难达到令人满意的效果，高等德育教学也成为高职院校教育中最为薄弱的环节。因此，创新基于职业发展理论的高等职业教育教学模式，应当积极拓展高职院校教育中德育教学这一重要组件。

（一）拓展德育教学的内容结构

现代德育是以社会现代化、人的现代化为基础，以促进人的现代化为中心，进而促进社会现代化的德育。现代德育必然要反映现代社会中人自身道德发展的要求，反映现代社会发展的要求。因此，在围绕高等德育教学内容的构成上，应该更具广泛性、现实性。职业道德是衡量一个从业者道德水平高低的重要标尺，它影响和决定人们劳动的态度和方向，成为决定劳动者素质水平的灵魂，在高职院校教育内容中居于核心地位。另外，高等德育教学要指导受教育者运用科学先进的价值理念学会判断、学会选择、学会创造。随着科技、经济、社会的发展，人们的生活方式、价值观，包括道德观念、道德准则不断变化，原有的某些道德观念、道德规范有可能过时，需要提出一些新的道德准则和规范。例如，在科学道德、信息道德、经济道德、网络道德、生态道德等领域特别需要具体的规范，特别需要道德的创造，这也应该是高等德育教学的重要内容。

（二）拓展德育教学的教学形式

拓展德育教学的教学形式必须充分利用现有教学资源和条件，选取在教学中已经成形的教学方法和模式进行拓展延伸。

第一，应当充分运用课堂教学，开展德育教育。在课堂德育教学开展过程中，根据高等学习的特点，在教学计划和教学内容上，都要做特殊要求，教育内容应该根据市场经济的形势，适时调整德育目标。将以往的"完人道德"调整为"高等道德"教育。教育过程中要坚持先进性和普遍性相统一的原则，立足市场经济的实际，提倡"为己利他"的道德建设目标，把"利己不损人"作为道德底线，并且把健全的人格塑造放在德育工作的首位。同时，注重发挥学员主观能动性，强化课堂师生双向互动，创造轻松、活泼的教育氛围，保证对学员开展有效的德育教育。可以聘请知名专家举办专题报告，作为特殊课堂形式，加强对学员人生观、职业道德、现代教育教学和传统文化的教育。总之，无论课堂内外，德育教育的目标和德育教育的重点应在学员健康人格的塑造上，使学生明了道德建设是人格修养不可或缺的一部分。

第二，利用多媒体教学，强化德育教学效果。传统的授课方式无法满足现代高职院校教育德育教学的需要。因此，在德育教学过程中，要以鲜活生动的实例来感染学生。通过学生自主的情感判断来塑造道德榜样，唤起对道德善行的崇敬之情，在纷繁复杂的社会现象中找到自己的道德归宿。注重现代教育技术的充分运用以及信息技术与学科资源的整合，例如充分利用电影、电视、教学录像等信息化、电子化、智能化的多媒体教学手段，借助于这些灵活多样、内涵丰富的声、光、图像等教学形式的直观冲击力,增加学生的兴趣,使学生的认识更加深刻,产生事半功倍的理想教学效果。此外,可以利用网授以及远程教学发挥网络教学的优势,拓展德育教学空间,克服高等职业教育教学时空上的局限性。整合课堂教学和多媒体教学的优势,充分发挥网络资源在教育教学中的作用,例如借助网络实施网络教学,可以将专家、学者的精彩专题报告、德育教学录像制作成教学辅导光盘在教学辅导网站上和有条件的教学点进行播放。

这一生动、灵活、便捷的德育教学形式克服了高职院校教育时空上的制约,发挥了网络便捷、高效、辐射面广的优势,最大限度地拓展了德育教学空间,为广大学员提供了全天候德育教学服务。

(三)拓展德育教学的评价体系

基于高职院校教育的特殊性,高等学生的德育考核评价有别于其他一般的考核,具有自身的特殊性。因此,凡是列入教学计划的内容,可以通过知识考试的手段进行考核评价。对于学生思想观念的考察,可以通过日常管理中的操行鉴定来考核评价;对于学生的行为考核主要由学生工作单位进行跟踪问卷调查。另外,为了充分调动学生的积极性,鼓励他们在思想上、学习上积极进取,可以建立评优奖励制度,进行精神和物质奖励。对表现差的学生进行批评教育。通过长期的探索以及多年来高等教学的实践,制定了一系列评判原则和标准,建立了以职业发展为基础的高职院校教育德育教学全方位评价体系。

(四)拓展德育教学的管理网络

高职院校教育的德育教学是一项复杂的系统工程,必须要动员学校、家庭等全方位参与,才能实施有效的组织管理。学校根据国家的有关规定,结合高职院校教育的特点,制订德育教学计划,采取科学、规范、可行的评价考核标准以及考核措施,如班主任配备,班级临时的党、团支部活动安排等,负责德育教学的实施和知识考核。学生居住的社区和学生所在单位承担着对学生平时监督、检查的作用,负责平时的思想政治教育。学生所在单位具体负责学生日常行为、思想观念等方面的鉴定意见。通过三个环节的协调一致，形成高等德育教学的组织管理网络。

三、确立多元化的教学模式

创新基于职业发展理论的高等职业教育教学模式，需要以高职院校学生的职业发展需求为导向来设计多元化的教学模式，创造一种超越时空限制的弹性化学习机制。确立多元化的高等职业教育教学模式，体现高等教育特点，以高等教育的生活、需要与问题为中心，突出能力培养与多种教学范式综合运用的教学活动与形式。新的教学模式应强调个体的思维能力和动手能力，而非只学习基础知识，强调解决问题的能力，强调培养学生面对快速变革的职业生涯和多元的价值取向所应具有的包容能力和理解能力。在课程建设目标上，要更加强调综合能力和建立在个性自由发展基础上的创新能力。在教育建设中注入科学精神和人文精神，以滋养和陶冶学员的性情，帮助其顺利走上职业发展道路。

按照教学对象的细分，我们可以把多元化教学模式分为学生为主产生的教学模式、学生为业余产生的教学模式、学生为函授生的教学模式。

（1）对于第一种即学生为主产生的教学模式，其教学目标为系统地掌握知识、方法和技能，综合素质全面提高；其教学内容为基础理论＋专业理论＋专业技能；其教学方法与手段为课堂教学法（主）＋试验实践教学法（主）＋网络教学法（辅）。

（2）对于学生为业余产生的教学模式，其教学目标为较系统掌握知识要点，具备从事专业岗位的知识结构与知识适用能力；其教学内容为基础理论＋专业理论＋理论运用；其教学方法与手段为课堂教学法（主）＋网络教学法（辅）。

（3）对于学生为函授生的教学模式，其教学目标为了解一定的理论知识要点与基本具备进一步提高的能力，基本具备知识要点适用能力；其教学内容为基础理论＋专业理论＋理论适用；其教学方法与手段为网络教学法（主）＋课堂教学法（辅）。

在具体的实践中，确立多元化的教学目标应注意以下三点。

第一，确立多元化的教学模式应突出学生的能力培养。函授生、业余生来源于生产、服务、管理第一线，具有较强实践工作经验，但理论知识相对缺乏，因此需要通过专业知识的学习与深化，强化理论知识与实践的结合，培养专业技术知识的综合运用能力，适应市场变化新形势，通过学习找到较满意的工作。因此，高等职业教育教学模式必须体现以岗位需要为中心的"突出能力培养"的目标。

第二，应提倡跨时空的教学形式。高职院校教育学生的工学矛盾突出，文化基础差异较大，这为教学组织和教学质量的提高增加了困难。以网络为基础的教学手段则有效地解决了以上问题，一方面，网络教育不受时空限制，为高职学生提供了跨时空的学习环境；另一方面，网络教育作为一种教学补充，有利于基础较差者的知识补充。因此，多元教学模式必须具备"虚拟学习环境与学习社区"功能。

第三，确立多元化的教学模式，应转变教育观念，改革和创新教学方法，采用适合高等学生心理特点和社会、技术、生活发展需要的教学方法。

四、引入校企合作的教学模式

在高职院校教育过程中，由于学生身份的特殊性，他们往往要兼顾学习和工作的双重压力，难以在两者之间恰当地分配时间、精力，形成较难解决的工学矛盾。另外，就职业发展理论而言，高等职业教育教学模式必须考虑到学员的职业发展需求是以学习专业理论和专业技能为主。为了找到学习和工作之间的平衡点，并提高学生的实践动手能力，有必要引入校企合作的双元制教学模式，以夯实学员的职业发展道路。

（一）建立校企联动机制

合作的前提是信任和需求，关键是寻求联动的结合点，否则难以形成合力。从前面的分析中我们已经清楚地意识到，校、政、企三方都有实施教育的愿望和条件,这就为创建"学校主办、企业和政府协办或督办"的共同办学联动机制铺平了道路,也为实施校政企合作人才培养模式扫清了障碍。

对于学校、政府、企业而言,发展是大家关注的焦点。因此,校、政、企联动的逻辑起点应该是发展。学校发展主要体现在人才培养上,政府(社会)、企业发展需要人才,人才就成为双方或多方联动的结合点。要让学校、政府、企业围绕人才培养走到一起,必须建立有效的联动机制,包括管理制度和运行模式。必须建立以现代信息技术为依托的网络交流平台以及信息员联络制度和信息发布制度,畅通对外宣传和信息沟通渠道。

(二)规范校企管理模式

双方或多方合作,必须以合同或协议的形式建立一种有约束力的办学关系,明确双方责任与义务,从而确保合作的有效性和规范性。同时,必须充分尊重高职院校教育规律和学生特点以及政府、企业的实际需要,建立以主办学校为主、政府和企业参与的教学管理制度,共同商议、决定重大事宜,合理安排各教学环节,确保教学质量,达到规范性与灵活性的完美结合。在办学实践中,我们实行的是项目管理,即由高职院校教育主管部门和企业、政府负责人组成项目管理组,共同研究制订培养计划,组织实施管理制度。在具体的教学过程中,校、政、企各方紧密合作,及时掌握教学情况,有力地保证了人才培养质量。

(三)合理设置培养目标与教学计划

高职院校是培养适应生产、建设、管理、服务第一线需要的、德才兼备的应用型高级专门人才。要实现这个培养目标,关键是要制订一个以技术应用能力为主线的培养方案,构建科学、合理的课程体系,确定学以致用的教学内容,设计与学员的职业发展、从业岗位密切相关的实践教学环节。因此,必须创新普通高职院校人才培养模式,建立"学历+技能"的学科课程与技能培训相结合的课程体系。学生来自各行各业,有的还是管理和技术岗位骨干,对职业、技术及其所需知识有着深刻的认识。学生所在单位和部门也希望自己的员工能学有所获、学有所成、学以致用。因此,我们在制订教学计划时,应该充分利用学生及其所在单位这一宝贵资源。让学生和社会各界充分参与教学计划制订和课程设置，使我们的教学计划、教学内容更具针对性和实用性。实践证明，高职院校校、政、企合作人才培养模式是一种多方共赢的人才培养模式，也是高职院校教育事业可持续发展非常有效的一种模式。随着科技、经济、社会的持续快速发展它必将拥有一个美好的前景。

校、政、企合作之路还在探索之中，许多深层次问题还需我们在实践中不断地探索，如合作模型与运行机制问题、学历教育与技能培训关系问题、学生考核与评价问题等。我们必须在实践中改革创新，拓宽运作思路，主动走出校门，将高职院校教育真正办成面向社会的开放式教育，为社会各界、企事业单位提供更好的教育服务。

五、以学员为教学中心

职业发展理论的核心是职场个体的职业生涯发展，说到底是以人为中心的发展。因此，基于职业发展理论的高等职业教育教学模式的创新也应当坚持以人为中心的价值取向。坚持以人为本，树立全面协调可持续发展理念，体现在高等职业教育教学中主要是坚持以学生为中心，以人的教育为出发点，以人的教育为归属。

这就意味着高职院校教育的教学评价必须着眼于人的发展，着眼于社会对人的多元化的需求，而不能局限于知识的考核。基于职业发展理论的高等职业教育教学模式，要体现以学生为本的思想，就必须要尊重学生的评教权，尊重学生对教学过程的选择权，缺少这两者，就无法做到以学生为本。高职院校学生在接受教育时，他们不需要被动接受一些对他们没有用的知识，而是需要搜索对自己有价值的知识。他们需要的是一种自我选择知识和构建知识的权力。因此，创新基于职业发展理论的高等职业教育教学模式应当坚持以学生为教学中心的价值取向。

基于职业发展理论的高等职业教育教学模式应以学生实践能力为基本的评

判标准。众所周知，高职院校教育与普通高等教育同属高等教育的范畴，它们有共性，但毕竟是两种不同的教育形式，有着自身独特的个性。时至今日，仍有相当多的人以普通高职院校教育的观念、普通高职院校教育的模式、普通高职院校教育的标准来套用、衡量高职院校教育，力求在质量与规格上应与普通高职院校教育"同类""同质""同轨"，求职中表现得最为明显。高职院校出于对学生前途着想，只好在日常教学与考核上，变求同存异为全同不异，导致高职院校教育慢慢被普通高职院校教育同化。踏入职场，接手工作岗位，对于缺少高等文化教育的他们来说，扎实学习一门专业学科并培养较强的实践动手能力，才是他们在职场上安身立命之根本，并且以此作为日后职业生涯发展的基石。因此，创新基于职业发展理论的高等职业教育教学模式应当坚持以实践能力作为评判标准的价值取向。

第四章 高等职业教育教学的管理创新

第一节 高职院校文化管理创新

高职院校教育既是文化发展的重要成果，又是文化建设的重要载体。作为人才培养的基地，高职院校理应发挥文化育人的作用，为中国特色社会主义事业培养建设者和接班人；作为知识的集散地和思潮的发源地，高职院校理应成为社会文化的风向标和引领者。在推动社会主义文化大发展、大繁荣的进程中，高职院校一方面要加强自身的文化建设；另一方面要承担文化传承创新、文化辐射引领和文化服务支撑的重要使命。

一、文化和文化管理的内涵及发展历程

什么是文化？随便浏览一下，就可以发现，关于文化的定义有几十甚至上百种。有意思的是，虽然文化包罗万象，但不同的定义却又殊途同归地表达着文化的基本内涵，即观念形态、精神产品、生活方式这三层含义。具体来说，它包括人们的世界观、思维方式、心理特征、价值观念、道德标准、认知能力，以及从形式上看是物质的东西，但透过物质形式能反映人们观念上的差异和变化的一切精神物化产品。高职院校文化是高职院校思想、制度和精神层面的一种过程和氛围，是理想主义者的精神家园，是学校里思想启蒙、人格唤醒和心灵震撼因素的结合体。高职院校应该让学校外的人神往；让学校内的人心情激动。学校是一个让我们永远怀念的场所。高职院校用人文精神培育出全面发展

的优秀人才，使其成为民族复兴和文化复兴的中坚，引领社会前进。高职院校文化是知识、能力、人格的升华和结晶。

文化管理就是"人化管理"，就是以人为根本出发点，并以实现人的价值为最终目的的尊重人性的管理。这种管理是靠管理主体与管理对象之间所形成文化力的互动来实现的。文化管理的核心是"以人为本"。

学校文化管理与企业文化管理有着密切的关系，它借鉴了企业文化管理的思想，但是学校文化管理更是它自身内在文化因素发展的必然要求。因为学校本身就是一种文化存在，是一个文化实体，它是以传承和创造文化为己任的，是以文化为中介培养人、塑造人的机构。

学校与文化的关系是其他任何社会要素、社会组织所不可比拟的，在学校管理中，更应当重视文化的因素。文化管理是学校管理顺理成章、水到渠成的结果。

学校文化管理是以文化为基础，注重学校文化建设，并利用文化要素和文化资源实施调控的学校管理活动，它具有价值性、伦理性、知识性、人本化、合作性、品牌形象性、整合性等特征。

学校文化是学校的灵魂。学校文化不仅是教师的灵魂，更是学生的灵魂。学校文化建设的核心在于师生的认同，认同的关键是参与。在学校管理工作中，制度比校长个人的经验、意志和人格魅力更重要，它更带有普遍性，起着更举足轻重的作用。

二、文化管理的特点和意义

（一）文化管理和高职院校文化管理的特点

1. 文化管理的特点

（1）管理的中心是人

从科学管理以物为中心转变为文化管理以人为中心，人既是管理的出发点，又是管理的落脚点。尊重人、关心人、培养人、激励人、开发人的潜力，是文化管理的关键。

（2）管理的人性假设前提是"善"

西方的经济学管理把人看作"经济人"，以"性恶论"为哲学依据；文化管理把人看作"自我实现的人"和"观念人"，以"性善论"为哲学基础。

（3）控制方法追求主动

科学管理以外部控制为主，重奖重罚是主要手段；文化管理中心内置，依靠人文关怀等激励手段调动、激活行为主体的内在需求和动力，追求主动发展。

（4）管理重点为文治

科学管理直接管理人的行为，职工的一言一行都有制度约束，是典型的法治；文化管理严于管理人的思想（信念和价值观），间接影响人的行为，是一种新的管理方式——文治，即以文化来治理。

（5）领导者类型为育才型

在科学管理中，领导者恰如乐队指挥，属于指挥型领导；在文化管理中，领导者既是导师又是朋友，属于育才型领导。

（6）激励方式以内化为主

科学管理以外塑为主，依赖于工作的外部条件；文化管理以内在激励为主，着重满足职工的自尊和自我价值实现的需要，依赖于工作本身的魅力。

（7）管理特色具有人情味

科学管理的特色是纯理性管理，排斥感情因素；文化管理的特色是将理性与非理性相结合，是有人情味的管理。

（8）组织形式具有开放性

在科学管理中，权力结构明确，是"金字塔形"组织；在文化管理中，权力结构模糊，管理者与被管理者更为平等，是平等沟通、自我学习的学习型组织。

（9）管理手段具备"软"特征

科学管理是依靠强制性的制度和物质手段的投入；文化管理是依靠思想交流、价值观的认同、感情的互动和风气的熏陶，即依靠非强制性和非物质性手段的投入。管理由硬管理为主，走向软硬结合、以软管理为主。

（10）管理者和被管理者的关系改变为同伴互助

科学管理强调了上级与下级之间的关系，管理者靠制度约束人；文化管理中管理者和被管理者是为了共同的目标而携手并进的，是合作伙伴关系。

2.高职院校文化管理的特点

作为人才培养的基地，高职院校理应发挥文化育人作用，为中国特色社会主义事业培养建设者和接班人。作为知识的集散地和思潮的发源地，高职院校理应成为社会文化的风向标和引领者。突出"以文化人"的教化性，这是高职院校文化区别于其他文化形态的重要特质；注重主流价值的导向性，这是建设社会主义高职院校文化的必然要求；建设各具特色的高职院校文化，这是各个高职院校张扬个性、增强文化、发展生命力的关键所在。

（1）教化性

以人才培养为天职，高职院校文化必须始终围绕育人这一中心任务展开。高等职业教育教学"以文化人"，即通过文化潜移默化地感染人、熏陶人、教化人，从而达到情感陶冶、思想感化、价值认同、行为养成的功效。按照马克思主义的观点，教育的目的是促进人的全面发展，高职院校文化育人的过程实际上就是塑造健全人格、开发智力潜能、丰富生命内涵，使受教育者得到自由、全面、完整的发展过程。

（2）导向性

文化并非一个中性的概念，其本身具有鲜明的价值取向。当今社会呈现出多元思想文化相互交织、相互激荡的格局，需要一个占主导、支配地位的价值观来引领高职院校文化建设。在高职院校文化建设中，必须坚持以马克思主义、毛泽东思想、邓小平理论、三个代表、科学发展观、新时代中国特色的社会主义理论,以及《宪法》和《中国共产党章程》为指导,推动中国特色社会主义理论体系进教材、进课堂、进头脑;加强理想信念教育、弘扬以爱国主义为核心的民族精神和以改革创新为核心的时代精神;深入开展社会主义荣辱观教育和社会主义核心价值体系建设,全面加强学校思想道德体系建设。

(3)独特性

有个性、有魅力、特色鲜明的高职院校文化才是有生命力的文化。虽然高职院校精神具有探索真理、崇尚学术、传承文化等共性追求,但各个高职院校文化传统、类型风格具有差异,社会对高职院校的需求呈现多样化。因此,必须建设和发展各具个性的高职院校文化,营造不同类型、不同层次、不同风格的高职院校文化形态,形成异彩纷呈、和谐互补的整体高职院校文化格局。多年来,我国不少高职院校办学定位趋同、办学理念雷同,导致高职院校文化建设缺乏个性,存在着同质化的倾向;近年来,例如扬州大学从发掘历史积淀入手,提炼出"艰苦自立"的校训精神,展现了一百多年来扬大师生坚韧刻苦、自强不息的风貌品格,强化了学校文化建设的个性色彩与独特魅力。

(二)高职院校文化管理的意义

文化,这是一种历久的精神创造活动及其成果。对一个民族来说,文化是民族之根;对于一个国家来说,文化是国家之魂。纵观高职院校发展的历史,高职院校发展经历了从经验管理、制度管理(科学管理)向文化管理转型的过程。学校文化管理是一种新型的更高级的管理形态,是学校经验管理、制度管理(科学管理)的总结和升华,是管理内容的回归,是与知识经济时代相适应的学校新的管理方式。作为学校管理者,构建文化校园,积极推进学校文化管理具有极其重要而深远的意义。

随着社会主义市场经济体制的建立和完善,学校建设也逐渐引入了市场力量,学校之间的竞争在逐渐加剧。学校要在竞争中处于优势地位,必须具备某种核心能力,充分发挥文化传承创新功能、文化辐射引领功能和文化服务支撑功能,对学校的发展具有深远的影响。文化对学校和人的发展产生影响可以从深、广、远、忧四个方面来理解。①深。学校文化管理是一种内隐的、深层次的、无形的力量，这种力量决定着学校的改革、发展和成败。学校文化具有导向功能、提升功能、凝聚功能、激励功能和稳定功能，为学校的发展带来动力。②广。文化无处不存在、无事不体现，弥漫在整个学校生活之中，甚至影响到社区文化和城市文化。③远。与生俱在、与校共存、与人同享，在学生时代有幸经历的先进学校文化熏陶会一辈子回味无穷、受用不尽。④忧。市场经济急剧发展，竞争空前激烈。社会财富增加，但文化价值导向滞后。先进学校文化建设是学校优质发展的根本，没有文化的学校是薄弱的学校。因此，只有学校文化，学校的不同追求、不同理想、不同价值取向以及由此形成的不同管理风格、工作方式和生活方式，才是一所学校区别于其他学校的根本特征。

高职院校文化的内部功能主要表现为教化育人；高职院校文化的外部功能则包括文化的传承与创新、传播与辐射、示范与引领、服务与支撑等方面。高职院校在服务文化发展、促进文化繁荣方面重任在肩，大有可为。

1. 文化传承创新功能

高职院校既是一种教育机构，又是一种文化存在，传授知识、传承文化是高职院校与生俱来的职责。传承是创新的前提；创新的方式则是扬弃。在掌握前人积累的文化成果的基础上，去粗取精、赋予新义、创立新知识、形成新文化。高职院校正是这种新知识、新思想、新理论的重要摇篮，通过继承民族优秀文化传统、借鉴世界进步文化、创造时代先进文化、丰富精神文化的内涵、充实人类智慧的宝库，推动社会文明进步。

2. 文化辐射引领功能

高职院校是社会文化的组成部分，同时又以其自身的优势深刻影响着社会文化。高职院校是研究高深学问、探索真理的知识殿堂，也是高学历、高层次人才相对集中的地方，承担着影响、辐射、引领社会文化的功能。高职院校文化通过价值判断引领社会的文化选择；通过升华大众文化、超越流行文化、彰显高雅文化、强化主流文化，对社会文化起着积极的辐射和示范作用，引领社会文化向着健康和更高层次发展。从历史上看，高职院校一直是各种新思想新理论的发源地，是各类思潮和运动的策源地，引领文化风气。在历史的转折关口，往往是高职院校率先高擎时代的火炬，高职院校文化对整体文化质态的建构和文化精神的塑造具有辐射、提升、示范和引领作用。

3. 文化服务支撑功能

高职院校不仅以独特的高职院校文化影响社会文化，更以培养的大批人才去带动社会文化的发展，通过科学研究和直接的社会服务，推动社会文化的进程。在新的历史条件下，高职院校要充分发挥文化建设的人才库、智囊团和思想库作用，提升服务社会主义文化发展的意识和能力，为发展文化事业、文化产业及深化文化体制改革输送优秀人才。

高职院校应加强文化领域的专业建设，增加优秀传统文化课程内容，建设优秀传统文化教学研究基地，为社会输送大批高质量的优秀专业人才；应加强文化领域的学术研究，繁荣发展哲学社会科学，不断推出理论研究和文化创作的精品力作；应积极参与构建有利于义化繁荣发展的体制机制，拓展为发展文化事业和文化产业及深化文化体制改革服务的渠道，壮大文化志愿者队伍，开展各类群众性精神文明创建活动；应积极构建国际文化交流平台，推动文化"请进来"和"走出去"，为提升国家文化软实力、增强国际话语权作出应有的贡献。

三、学校文化管理的构建

针对高职院校文化素质教育管理存在的问题，怎样致力于学校文化建设？相对于学校硬环境建设和制度建设，学校文化建设具有看不见、摸不着的隐性特点，需要我们作出更加艰巨、更加长期的努力。

学校文化与制度管理是有机统一、互为补充的。做管理工作最终的落脚点是人的思想问题。严格管理的规范制度能否落实到位，取决于人的思想高度和认识程度。优良的学校文化为制度管理提供优良的人文环境。

可以说，文化与制度的关系一如道德与法律，学校文化是学校制度的有益补充，两者相互统一。总之，学校文化的出现和完善不仅是学校发展的必然要求，也是传统教育方式向素质教育方式转变的必由之路。这种文化是人的文化，是以人为本的文化，突出"人文""人本""人情""人性""人权"在管理中的作用，从而形成一个强大的"磁场"。它是弥漫在空气中的一种精神存在，在每一位师生的呼吸中化为一种气质、一份修养，或见于谈吐，或形于笔端，形成学校自己的管理文化。校园文化建设在学校管理中的作用按其不同层次来划分，主要表现在以下三个方面。

（一）用物质文化陶冶人

校园物质文化是校园的外显文化，是以某种文字符号为载体，将校园精神显现于校园的各种标记物之中，如校服、校歌、校刊、校报、雕塑、学校建筑、艺术节、文化墙、名言警句等，它是校园思想文化建设的前提和条件，是思想文化、制度文化赖以生存发展的基础和载体，有利于陶冶师生的情操。优美的校园环境有春风化雨，润物无声的作用。如诗如画的校园风光、干净整洁的校园环境、美观科学的教室布置、文明健康的文化教育设施……无不给学生以巨大的精神力量。学生在优美的校园环境中受到感染、熏陶，触景生情，因美生爱，从而激发学生爱学校、爱教师、爱同学、爱家乡、爱祖国的高尚情操；学生在幽静的环境中学习，感到舒心怡神，从而增强对环境的保护意识。所有这些有利于学生正确世界观、人生观、价值观的形成。

（二）用制度文化规范人

校园制度文化是指人在交往过程中缔结的校园内社会关系，以及用于调控这些关系的规范体系，是校园内一切活动的准则，它包括学校的法律法规、管理体制及其规章制度、组织机构及其运行机制、特定的行为规范等。

校园制度文化从根本上决定着校园的正常运行和创新发展，是校园思想文化的保证。建立和健全学校规章制度，塑造良好的校园制度文化，是校园文化建设的重要内容，也是提高学校有效执行力的重要保障。制度文化以其导向性与规范性、稳定性与发展性、科学性与教育性的特征彰显校园文化。

(三)用思想文化凝聚人

校园思想文化是指学校在长期办学过程中形成的一种意识和文化观念,它是一种深层次的校园文化,是校园文化的灵魂。校园思想文化主要体现在班风校风的建设上。班风校风看不见、摸不着,但它表现在校园内多种文化载体及其行为主体上,让人时时处处切实感受到它独特的感染力、凝聚力、震撼力。置身其中,受教育者无须教育者更多的说教,便会自然而然地、不知不觉地感悟它对心灵的净化和情操的熏陶。校园思想文化是校园的内隐文化,是校园文化的深层内涵,是在长期的校园物质文化、校园制度文化和校园行为文化建设过程中积淀、整合、提炼出来的,反映学校广大师生员工共同理想目标、文化传统、学术风范和行为准则的价值观念体系,难以用文字、符号表达出来。校园思想文化是一所学校整体面貌、水平、特色、凝聚力、感召力和生命力的体现。

校园思想文化作为一种强大的教育力量,对广大师生的健康成长有着巨大的影响。一是导向功能,即指导个人正确认识和处理个人与学校组织的关系,把个人行为引导到学校组织目标上来,使它们向着学校期望的方向发展;二是凝聚功能,即思想文化起着心灵黏合剂的作用,它把各个方面、各个层次的人都聚合到一起,使师生员工对学校产生一种使命感、自豪感、归属感,形成强烈的向心力、凝聚力和群体意识;三是激励功能,即思想文化往往能产生一种激励机制,激起校园人的积极性、主动性与创造性,使学校成员保持高昂的情绪和奋进精神,获得各种精神需求的满足;四是控制功能,即思想文化具有强大的心理制约力量,使学生接受必要的约束,使个体行为符合共同的准则;五是辐射功能,即校园思想文化以其独特的方式,在对师生教育、影响的同时,也对周边社会产生影响。

第二节 高职院校学生管理创新

21世纪是知识和信息的时代,我们面临的经济和政治环境已经发生了深刻的变化,对于在校的高职院校学生,他们未来是社会的知识精英和国家的栋梁,他们的素质如何，将直接关系到我国社会主义事业是否会后继有人，关系到中华民族的伟大复兴。高等学校是培养和造就适应 21 世纪社会发展合格人才的基地，其目标是培养具有创新精神和实践能力的高级人才，科学、规范、创新的学生管理工作是实现这一目标的重要保证。学生管理工作是高职院校各项工作的主要组成部分，它体现着一个学校的校风、校貌，是一个学校管理水平高低的重要标志，而学校管理水平的高低已成为衡量学校综合水平和学生素质的标准。在新形势下，高职院校学生管理工作出现了许多新情况、新问题，如何使学生管理工作科学化、制度化、法治化，培养出大批合格的人才是当前学校管理研究的一个重要课题，也是公共管理学研究的重要内容。

学生管理工作是高等职业教育教学工作的重要组成部分。近年来，随着我国社会体制改革和高职院校教育改革的进一步深化，高职院校学生的学习和生活环境发生了变化，高职院校学生管理工作也面临新的挑战。

随着我国社会主义市场经济体制的逐步建立和完善，学生成长的外部环境和内在因素发生了很大的变化。教学管理制度的改革和就业形势变化等，都给学生管理工作带来了许多教育观念方面的新变化。加强和改进高职院校学生管理工作的对策是在明确管理目标的基础上，树立科学的管理理念。高职院校学生管理工作应变被动为主动，"以人为本"，强调学生的主体性，注重学生的主观特性，尊重学生的个性发展；坚持教育与管理相结合，强化学生自我管理。在此基础上，还应积极探索新的管理模式，完善学生管理体制，建立变分散为集中的管理、变多中心"小而全"为集中的"精而专"、变间接管理为直接管理；健全学生管理制度，使高职院校管理科学化、法制化；积极运用管理进网络、管理进社团、管理进公寓等新手段，拓展学生管理工作空间，运用现代化的教育管理手段，使高职院校学生管理工作进一步科学化、制度化、规范化。

一、高职院校学生的特点

（一）思想认识多元化

作为学生管理工作的客体，高职院校学生一般具有以下特征。一是思想具有社会性。高职院校学生思想状态源于社会，紧跟时代步伐，社会上的重大事件对青年的影响都会从高职院校学生身上表现出来；二是认知具有能动性。高职院校学生是富有主观能动性和积极创造性活力的群体，他们在接受思想政治教育时往往从自己的主观出发，具有主动的选择意向，这也体现了他们独具个性的自我认知状态；三是身心的可变性。高职院校学生是一群从生理到心理趋向成熟的群体，特别在思想上可塑性极大。在时代变动、社会转型的宏观背景下，有理想、有追求是学生的主体要求。通过大量的问卷调查和座谈会记录的分析，可以肯定的是，他们有较高的思想素质和道德观念，有较强的责任感和使命感，其思想状况可以概括为以下三个方面。

1. 爱国热情高涨，理想信念坚定

从总体上看，当前高职院校学生的思想政治状况是积极、健康、向上的，主流是好的。令人欣喜的是，高职院校学生拥有极高的爱国热情，能理性地看待学校改革和发展面临的机遇和困难，时刻准备为经济的可持续发展贡献高职院校学生的力量。高职院校学生把个人的前途同国家的发展联系在一起，关心国家大事、关心国家的发展。

2. 健康积极看待人生，务实进取实现自我

健康积极、务实进取是学生人生观和价值观的主流。相比以往，今天的高职院校学生更加注重自我价值的实现，并渴望能将对社会的贡献和个人价值的实现统一起来。

学生务实进取，有着强烈的社会责任感和历史责任感，他们渴望施展才华，为国家和社会作出自己的贡献。在处理个人、集体、国家三者利益关系的问题上，高职院校学生能够认识到"在关键时刻个人利益要服从国家和集体的利益"。

同时，对于社会公益活动，如献血和志愿者服务等，高职院校学生表示乐于参加。在具体的价值选择上，高职院校学生能够认清自我，注重自我发展、自我实现。

3. 促进高职院校教育改革，注重全面素质提高

随着我国高职院校教育改革的不断深入，改革的成果正在逐步显现出来，高职院校学生作为这些改革措施最直接的受益者，自然地成了高职院校教育改革的拥护者和促进者。与改革相伴而来的是学校的建设和发展，激发了学生成功、成才的愿望和自觉性，使学生更加注重自身素质的提高。

高职院校学生十分关注学校的建设和发展，对高职院校教育改革，特别是利于自身发展、提升自己社会竞争力的改革高度认同。全面推进素质教育、深化教学改革，对改革毕业生就业制度和鼓励高职院校学生自主创业持肯定态度。高职院校学生认为，高职院校后勤社会化改革转变了高职院校后勤的社会服务意识和服务观念，使学校的学习、生活条件有了一定的改善。身处校园的高职院校学生逐渐走向社会，他们渴望通过高职院校的学习来丰富和完善自己，占领就业上的制高点，赢得发展上的主动权。相比以往，高职院校校园学习气氛更加浓厚，学风也有了明显好转。由于社会和家庭环境等多方面的影响，高职院校学生在智能结构、性格特征、心理品质和社会使命感等方面又有与同龄人不同的表现，例如，一种表现是自我意识突出，自主性较强。由于知识储量的增加，高职院校学生追求自我选择、自我内化，这是高职院校学生与同龄人最显著的区别。由于高职院校学生自我意识突出，自主性较强，他们会千方百计地实现自我价值，高职院校学生群体呈现出勇于创新的勃勃生机。如果有的学生自主选择不当，选择的方向和内容就会与社会要求不相适应，甚至有违背社会政治道德的倾向。因此，加强学生管理工作，帮助他们树立正确的人生观和价值观，引导他们把自我价值的实现与国家、社会的需要紧密地结合起来是十分必要的；另一种表现是社会责任感呈现情绪化色彩。高职院校学生具有较强的社会责任感。但是，由于社会经验不足，高职院校学生的社会责任感往往带有情绪色彩，要加强学生管理工作，时刻关注他们的思想动态，引导、帮助高职院校学生健康成长。

（二）生活学习方式多样化

从高中升入大学、高职、高专后，高职院校学生就进入人生一个新的起点。不管是在学习上还是在生活上都会与原来有很大的不同。

1. 生活方式多样化

生活方式是指人们在衣、食、住、行等方面的方式和行为习惯。在高职院校里，每一个学生的生活方式都不尽相同，有的学生把自己大量的时间都放在学习上、有的学生利用业余时间打工挣钱、有的学生喜欢运动、有的学生喜欢和同学结伴去旅游等。

2. 学习方式多样化

进入高职院校后，高职院校学生普遍感到知识浩如烟海，各类活动繁多，这为每个人的发展提供了广阔的天地。以什么样的学习方式才可以处理好课本知识与课外知识、专业学习与能力培养等诸多方面的关系是许多高职院校学生深感矛盾、困惑的问题。高职院校学生的学习除了听课这一主要途径外，还有自学途径、学术交流途径、多媒体教学途径、社会实践途径等。以多样的学习方式进行学习是高职院校学生必须掌握的一项基本功。

高职院校学生学习和获得知识的方式和渠道多种多样，随着学分制的推行和素质教育要求的提出，高职院校学生自选专业、自修课程、自定目标、自我发展的意识相对增强了；随着高职院校学生居住公寓化和后勤服务社会化的不断完善，因住宿、生活、学习而结识在一起的高职院校学生群体在增强和扩大，这些都是高职院校学生学习方式多样化的成因。

3. 性格特征复杂化

高职院校学生性格特征的复杂化主要在以下三种现象中特别突出。

（1）务实与实惠的调和

高职院校学生能较冷静、理智地看待社会实际，但更多地关注与他们自身的生存发展相连的社会实际。个人发展机会和工资收入成为高职院校学生择业的重要评价指标。

（2）渴望与满足的不协调性

高职院校学生迫切了解新知识、吸收新观念，对知识学习的要求较为强烈，选择知识的目的性逐步增强，但不能只满足热门、自己的喜好和眼前的需要，对自己的业务知识、能力水平、综合素质等方面需要有正确的判断，并制定更高、更全面、更长远的目标与要求。

（3）心理及个性化发展的不协调性

如今，高职院校学生中独生子女的比例较高，他们具有较强的自我意识、竞争意识和自强精神，追求个性化发展。因此，他们的集体主义观念、团队协作精神需要提高。一些学生对学校、社会的期望值较高，但对社会的复杂性认识不够；自我意识较强，重视自我价值，但对现实自我价值的认识不足。

二、加强和改进高职院校学生管理工作

（一）明确管理目标

高职院校是依据培养目标来实施管理的。从四个方面去考核管理目标是比较合理的。

1. 心态方面

高职院校学生应该拥有良好的心态。良好的心态应该是科学的、贴近实际的、符合社会发展方向的、中西方先进理念相结合的。

高职院校学生要有很强烈的社会责任感。今天的高职院校学生就是明天国家的栋梁，他们在社会主义现代化的进程中起到了举足轻重的作用。要有意识地给他们"压担子"，让他们多参加社会实践，帮助他们尽快地接受这个社会，热爱这个社会，报效这个社会，对今天高职院校学生的要求是要让他们有良好的心态。

2. 消费观方面

高职院校学生要有正确的消费观。也要引导他们量力而行，把自己的消费建立在可行的基础上，建立在科学的基础上。

3. 文明礼貌方面

要引导学生做一个有文明礼貌的人。现在国门大开，许多人有机会到国外去旅游观光，要引导他们做一个高尚的人，做一个能被世界接受的人。

（二）树立科学的管理理念

21世纪高素质、高质量的人才是具有高度责任感、熟悉中国国情、致力于解决经济建设和社会发展的人才；是具有创新精神、创业精神、创新能力、实践能力的人才；是能活跃于世界、活跃于信息化时代、活跃于市场经济条件下的竞争环境、活跃于终身学习社会的人才，而高职院校的任务正是要为社会管理出这样的人才。因此，这就需要高职院校树立科学的管理理念。

第一，营造环境的重要性。具体表现为如下三方面。①营造好的制度氛围。要从制度做起，要营造积极的校园环境，如优美如画的校园、良好的道德环境、和谐的人际关系等非常有利于学生的健康发展。②学校领导和教职员工的示范效应。如果家长是学生的第一任教师，那么学校领导和广大的教职员工就是学生的第二任教师。心理和社会角色定位使学生的言行富有模仿性，也最信赖他们的教师，把教师看作知识的化身、高尚人格的代表，以及他们天然的学习榜样。教师的示范效应是学生心理角色定位而形成的。因此，对学生的要求也就是对教师自己本身的要求，按照"社会认同原理"，一定要做学生的楷模和偶像。③运用管理学的"破窗原理"，发现有不好的现象及时地消除掉。管理学的"破窗原理"是指有一扇窗户玻璃被打碎了，如果不及时修补，那么第二块、第三块，乃至第四块、第五块很快也会被打碎。对学校出现不好的现象一定要及时纠正。

第二，管理必须以学生为中心。在高职院校教育改革不断深化的今天，学生管理者应重视转变管理观念，只有管理观念的更新，才能实现学生管理的创新，做到既按照合格人才的标准严格要求、精心管理，又根据学生特点，充分发挥其良好个性；既坚持宏观指导，又对学生进行个别引导、教育；既坚持用统一的制度和培养标准去要求学生，又坚持按不同层次评价和教育管理学生；既坚持宽严结合，又做到动态管理，从而提高管理的实效性和科学性，促进管理水平迈上一个新的台阶，更好地实现学校培养"四有"合格人才的目标。树立"以人为本"的管理思想是做好高职院校学生管理工作的首要前提。人本理论是现代管理科学经常用到的主要理论之一，它在现代企业管理中起着重要作用。现在，我们从教育管理这一角度探讨人本理论在高职院校学生管理工作中的应用，树立学生管理工作人本价值观，以人为本，尊重人的本质的主体性、能动性和多样性，这是学生管理工作从传统走向现代的创新之路。

第三，要注重人的主体性。在学生管理工作的过程中，高职院校学生既是管理的客体，又是管理的主体。因为高职院校学生管理归根到底是对学生的管理，从管理的决策、组织实施到目标的实现，都要依靠高职院校学生，故高职院校学生是管理中的主体。高职院校学生还需要管理者的教育引导也是被管理者，从这一层面来说，高职院校学生又是管理的客体，两者应是辩证统一的。在管理工作中应该确立"以高职院校学生为中心"的思想，开展的一切管理活动都是为了服务高职院校学生，要尊重高职院校学生的人格，最大限度地发挥学生的主动性与创造性，使之能够以主体的姿态积极参与管理活动，主动接受和开展管理。

第四，要注重人的主观特性。人是有思想感情的，人的认识过程是一个复杂的系统，理性的思维过程是建立在情感、欲望等主观特性基础上的，它必须以人的基本要求、积极情感和意欲作为动力，正所谓"理乃情之所系"。列宁说过："没有人类的情感，就从来没有也不可能有人类对真理的追求。"[①] 如果人的非理性本能要求、情感经常处于被压抑的状态，就不会有真正的理性之光。心理学研究表明：人与人之间的信息交流与传递必须具有一定的心理基础，如果在信任心理基础上进行交流，教育者发生的思想信息和目标要求往往会被受教育者顺畅地接受，并能产生积极的行为效应。高职院校学生管理工作主要是由高职院校学生管理者和高职院校学生组成，他们纯粹是由"人—人"构成的管理系统，如果在管理中不充分渗透"人性"，不重视师生的情感交流，就难以调动学生的积极性和主动性。所谓情感管理是指在管理过程中尊重人的个

---

① 列宁.列宁全集补遗（第一卷）[M].中共中央马克思恩格斯列宁斯大林著作编译局编译.北京：人民出版社，2001.

性特点、考虑人的情感因素,强调师生之间进行双向情感交流,尊重人的情感,其关键在于"以情感人"。这就要求管理者在按章办事的同时,真心实意地为学生服务,急学生之所急,想学生之所想,对学生进行情感投入,同时也注意把握学生的情感反应,通过情感沟通,了解学生的实际情况和出现的问题,并给予指引和教育,以达到有效管理的目的。

第五,要尊重人的个体多样化。人的个性是客观存在的,人性是历史的、也是具体的;而不是抽象的、超历史的,因此人都具有个体差异,表现出不同的个性。作为管理对象的人,具有不同的社会属性和时空属性。管理对象个体由于学习动机、兴趣、价值观等的影响和支配以及原有的知识经验、情感意志等因素的制约,在接受教育管理中,个体的思想行为必然带有鲜明的个性色彩,对同一问题具有不同的看法和态度。这就要求我们在做学生管理工作的时候,要面对现实的人,全面准确地把握不同的管理对象所具有的共同特征和个性差异;针对不同对象的思想实际,制订不同的计划;提出不同层次的要求,并且运用不同的方法,有的放矢地解决不同管理对象的各种思想矛盾和思想问题。

因此,在教育管理过程中,必须尊重学生的个性发展,因人而异、因材施教,要把学生管理工作做得有差异性和针对性。高职院校学生管理工作要以学生为中心,具体应该做到以下四点。

第一,学校的主体是学生,一定要坚持以学生为中心。市场经济有一个很重要的理念就是:客户不一定都对,但客户都很重要;用到学校应该是:学生不一定都对,但学生都很重要。有了这样的理念,我相信一定能做好学生工作。学生和教师不是对立的,而是同一个硬币的两面,教育与被教育是相辅相成的。这个理念要求学校要经常开展教师与学生之间的对话与沟通。教师在教育学生的同时,自己也在接受教育;学生在接受教师教育的同时,也潜移默化地影响着教师。

第二,学生管理要重在服务。以人为本是要落实在每一件工作中,服务是互相的,服务是高尚的,服务发生在每个人的身上。

第三，强调自我管理模式。学生自我管理，是指学生在学校指导下根据教育目的和培养目标的要求，运用现代科学管理方法，对自己的思想和行为进行自我调节和自我控制的过程，是学生自我认识的提高、自尊心的形成、自觉行为习惯品质的养成和自我奋发精神的培养过程。为了适应新形势、新情况，学生管理工作要从以学校管理为主向学生自主管理转变，要让学生了解学校的管理目标，化管理为高职院校学生的自觉行为。从心理学上说，任何人都不希望有人管理，可以有领袖、有楷模，但不要有管理。学生的自我管理应该体现在以下三方面。首先，由他们自己设定管理规范，由自己设定的管理规范在执行起来自觉性要高得多。其次，这个规范尽可能的自由多一些、限制少一些；文化多一些、制度少一些。最后，要让更多的学生参与管理，发挥他们的聪明才智，学生在自己管理自己的过程中既发挥自己的才能，锻炼、培养自己；又对自己的行为有所约束，各展其能。不要让少数人管理多数人，最好能让大家都有参与管理的机会，这样可以加强沟通和理解，也可以在管理中发现更多的人才。高职院校在强化学生自我管理的同时，还要注意帮助学生明确自我管理的意义，指导学生运用自我管理的方法，提供学生自我管理的机会等。

第四，以表扬为主，建立激励机制。常用的激励方法有以下五种。①理想激励法，即通过激发学生的理想追求，鼓励学生为实现自己的人生价值而努力学习和工作，这种激励法可以增强学生的自豪感。②目标激励法，即引导高职院校学生不断朝着制定的目标奋进，使他们感到学习工作有奔头，这种激励法可以增强高职院校学生的责任感。③信息激励法，就是信息的交流与反馈，使高职院校学生明确自己学习工作进展的情况，从而引发高职院校学生的危机感，增强其紧迫感，使其更加努力地朝着目标奋进。④精神激励法，就是从高职院校学生的文化精神生活出发，通过表扬或授予一定的荣誉称号等来鼓励他们不断前进。⑤物质激励法，就是通过一定的物质奖励手段来满足学生的生活需要，调动他们的积极性，增强他们的实惠感。在运用激励法时要因人、因事、因地灵活运用，这样我们的管理就会取得更好的成效，管理水平也会自然而然地提高。

三、完善学生管理体制

学生管理是对在校学生的全方位管理，内容比较广泛，涉及学校的多个部门，需要各部门协调一致，理顺各部门关系形成合力，以应对学生管理面临的新问题。在高职院校学生管理工作中，一是要加强学生工作机构的建设，强化其组织协调功能。理顺学生管理系统各部门、各层次、各岗位的职责权限关系，建立健全责任制，做到责任到岗、到人，责、权、利相统一；二是要适当放权，发挥基层作用。现行的高职院校管理体制是以校系两级职责分明、条块结合的学生工作网络和运行机制为显著特征的，校系应组织担负对学生进行思想教育和行政管理的双重任务。因此，既要赋予系开展学生管理工作的职责，又要让其拥有开展学生管理工作所需要的权力。适当下放管理权限给各个系，便于其及时发现问题，及时教育处理，可提高管理工作的实效性；三是进一步推行校系一级学生工作体制的党政融洽，协调统一；四是实行年级辅导员制，与学分制相适应。强化以系为单位的年级管理，进一步增强班级管理、专业教学之间的融合力度。但强化并不否认班级管理，在学分制下，学生班级仍然是一个重要的学生单元组合，应纳入学生管理体制。

四、健全学生管理制度

学生是学校最大的群体，学生管理工作的成效直接关系到整个高职院校的稳定与发展。高职院校教育改革迅猛发展，使高职院校越来越成为没有"围墙"的校园。高职院校学生智商高、知识面广、观念更新周期短、法律意识不断增强，高职院校学生个体之间、个体与学校之间利益关系也变得更加复杂，这迫切要求学生管理工作要运用法律和规章制度调节规范各主体之间的关系。依法治校、依法对高职院校学生进行教育和管理是高职院校教育的任务，也是高职院校学生管理工作的指导思想。因此，建立科学、规范、完整的学生工作规章制度是学生管理工作的需要。高职院校应按照国家有关法律规定，依据本校实际情况，制定完整的、可操作性强的规章制度，并以此规范学生的行为，行使有效的管理。

健全学生管理制度应注意以下三个问题。

第一,高职院校在对学生的管理中,必须依法制定全方位的规章制度,并对现有的规章和条例进行清理和修订,过去行之有效的方法和改革成果应予以继承;同时要充分考虑整个社会法制的进步和依法治校原则对学生管理的要求,无论是修订原有的规章制度,还是重新制定规章制度,都要注意与国家的法律法规、方针政策相一致。

第二,要更正一种错误观念,即仅仅将法律作为一种工具和手段来治理学校和办理一切事情,把法制化管理理解为"以罚治校,以罚代管"。"管理"并非管制,"管理"是管理和服务的统一,要把法律作为管理学校的依据和最高权威,法律除具有惩罚、警戒、预防违法行为的功能之外,还有评价、指引、预测人们行为,保护、奖励合法行为以及思想教育等基础功能。

第三,建立学生保护机制,保护学生的合法权益。可以建立学生申诉制度,使学生权利得到保护。

五、改进学生管理方式

高职院校学生管理工作应以改革创新的精神,积极探索新途径、新方法、新手段,大力推进学生管理工作进网络、进社团、进公寓,形成学生管理的新格局。

(一)学生管理工作进网络

网络技术使教育发生了根本变革,它日益成为高职院校学生获取知识和各种信息的重要手段。网络文化具有内容丰富、传播快捷、环境放宽、覆盖面广、难以监控等特点。高职院校应充分利用网络这一现代化手段,搭建起有效的信息网络,积极拓展高职院校学生管理工作的新领域。计算机技术是信息时代的高科技技术,是高职院校学生必须掌握的一门应用技术。因此,要正确引导和教育学生健康地使用计算机,提高高职院校学生的网络知识层次和上网水平。

第一，要加强网络道德和心理素质教育，增强高职院校学生的自控能力。应定期举办网络知识和网络讲座，对上网学生从思想上进行正反两个方面的教育，树立学生的责任意识，以增强他们的是非敏感能力和鉴别能力。

第二，要加强网络管理，严格入网要求。一方面，要提高职院校园网主页质量；另一方面，要加强与校外网吧的联系，帮助学生走上健康之路。

第三，要引导学生开展一些丰富多彩、健康向上的活动，多举办一些与学生利益相关的计算机知识竞赛。

第四，要培养团队精神，增加人际交往，实现师生之间、学生之间、学生与学校之间的网上交流，拓宽学生思想教育工作的渠道。学生管理工作者应掌握网络信息技术，学习网上教育方法，及时收集、分析、监控网络信息，发现学生关注的热点、难点问题，尤其是带倾向性、群体性的问题，应及时采取有效措施，有针对性地做好工作。

（二）学生管理工作进社团

校园文化是以学生为主体，以课外活动为主要手段，以校园精神为主要特征的群体文化。生机蓬勃、稳定和谐、健康向上的校园文化氛围，可以使高职院校学生在参与中陶冶情操、规范行为、开启智慧，产生一种归属感和安全感，有利于增强学生客观认识自我、完善自我以及自我判断、自我发展的能力。在素质教育发展下，高职院校社团如雨后春笋般兴起，形成了一股"创立社团热"，社团文化建设已成为校园文化建设的一个核心内容。应该说，无论是早期的文学社、艺术团、学术沙龙，还是近期的公关协会、科技开发中心等，都是青年学生在不同层次需求的驱动下，展示才华、锻炼能力、加强联系、获得沟通的好场所，其中不少社团也是教育者理解学生，调适教育行为，提高教育效果的好渠道。高职院校学生管理工作者应该充分利用社团，开展社团的思想指导和管理工作有如下三个需要注意的问题。

第一，要提高校园社团文化的活动层次。加强校园社团文化建设就是要努力提高社团文化建设的层次，使它接近或略为超过高职院校学生的理解能力和欣赏水平。

第二，要加强学生社团的规范与管理。学生社团是学生自我管理，自我教育的重要形式。学校要加强对社团组织的管理，使社团在开展活动时注意遵循以下原则：一是学生社团必须服从学校的领导和管理，学生社团应在法律、宪法和校纪校规范围内活动，不得从事与社团宗旨违背的活动；二是学生社团邀请校外人员到学校进行社会政治和学术活动，必须经学校同意；三是学生社团发行校内的刊物，必须经学校批准，并接受学校管理。

第三，要注意坚持开展校园社团文化活动的长期性与实效性。有些地方开展校园文化活动存在着节日时活动较多、平时则活动较少的现象，需要注重学生从活动中获益，这样的活动与教育目标才是相合的。

（三）学生管理工作进公寓

随着高职院校后勤服务社会化步伐的加快，学生公寓的环境氛围、文化设施、管理服务的质量以及公寓的管理模式都对传统的高职院校学生管理工作提出了新的挑战，也给高职院校的稳定工作带来了新的问题。因此，学生管理工作进公寓是高职院校教育改革与发展的时代要求，是高职院校学生管理工作者的战略抉择。

学生管理工作进公寓是一项全新的工作，也是一项艰巨的工作，我们要根据当前学生公寓管理特点，建立学生管理工作新的组织形式、工作机制。如辅导员进驻学生公寓，与学生同吃、同住、同生活；学生党团组织建到公寓，充分发挥党团组织引导人、团结人、凝聚人的作用；建立学生公寓的自我管理组织，努力把学生公寓建成学生自我教育、自我管理、自我服务的场所；积极组织开展公寓文化建设活动，为学生管理工作创造良好的氛围等。

学生管理工作进公寓，要特别重视加强对高职院校学生集群行为的控制与引导。一方面，要教育引导高职院校学生全面、客观、辩证地思考问题；另一方面，要建立正常的信息反馈和对话机制，针对问题，因势利导，及时进行情绪疏通，从而加强对高职院校学生集群行为的控制与引导。

21世纪需要的是综合素质高且具有创新精神和实践能力的高级人才。新形势下高职院校学生管理工作必须变被动为主动,确立以人为中心的管理思想,把学生看成既是管理对象,同时又是管理的主体,在管理中充分发扬民主,调动学生的积极性,加强自我管理。同时,我们还需要不断加强学生管理工作队伍建设,探索新的管理模式,运用现代化的教育管理手段,使高职院校学生管理工作进一步科学化、制度化、规范化。只要不断学习和积极探索,高职院校学生管理工作一定能适应新形势的要求,为人才的培养作出更大的贡献。

第三节 高职院校考试管理创新

课程考试是高等职业教育教学过程中的一个重要环节,是评价教学得失和教学工作信息反馈的一种手段,也是稳定教学秩序、保证教学质量的重要途径之一。因此,如何搞好高职院校课程考试管理,使之科学化、规范化、合理化,是高职院校教学管理工作的一项重要内容。将高职院校课程考试管理视为一个整体,运用系统论的方法对其存在的主要问题进行分析和研究,并提出高职院校课程考试管理改革的原则性建议与措施,形成如下主要观点:高职院校课程考试管理是以高职院校课程考试为对象,以提高考试活动效率,检测教师课堂教学质量,发现教学中存在的问题,充分评估学生的学习效果和学习创造能力为目的的管理活动。严密科学的考试管理可维护考试权威,实现课程考试的功能,树立踏实进取的考风。考试管理系统是由观念、计划、目标、机构、人员、技术等多种因素组成的综合性动态系统。

要实现高职院校课程考试管理科学化、规范化、合理化,关键在于推进考试观念的深层次转变;建立考试中心,完善考试管理规章制度;培养和建设高素质的考试管理队伍;实施科学的教考分离;考试方式多样化;重视平时考试;实行全程管理。

一、高职院校课程考试管理的构建

（一）高职院校课程考试应遵循的基本原则

课程考试是教学过程中十分重要的环节，它不仅要完成学生在经历一个教学过程后学习情况的评价任务，而且还要检查教师的教学效果与水平、诊断教学中存在的问题，反馈在教与学过程中的各种信息，进而发挥促进教学改革的作用。它所特有的检查测评、导向、激励、鉴定和系统整合五大功能是其他教学环节所不能替代的。高职院校课程考试必须适应社会发展的需要，必须适应被考者的身心发展水平，必须有利于促进和客观评价学生综合运用所学知识解决实际问题的能力，必须有利于提高教师教学水平，以保证不断提高人才培养的质量。考试原则是从事考试活动、处理各种考试问题、规范考试行为所必须遵循的基本原则。

课程考试管理是一项基本的教学管理，是保证考试的公正性与客观性，正确发挥考试功效，促进教学工作的关键环节之一。考试管理质量直接关系到教风、学风的建设和教学质量的提高，是衡量学校办学水平、管理水平的重要标志。加强高职院校课程考试管理应遵循以下原则。

1. 方向性原则

考试管理是管理者根据既定考试目标要求，运用适当的程序、方法、手段及行为规范，合理调配人、财、物、信息等资源，对考试活动实行有效控制，以实现共同目标的一种社会活动过程。考试管理既因一定管理目标的需求而启动，又以实现预定目标为归宿，其管理过程的产生与形成均以一定的管理目标为先决条件，而目标本身总要体现为一定的方向，目标的正确与否要以所引导的方向是否正确作为衡量的标准。因此，科学的考试管理必须坚持方向性原则。

2. 科学性原则

科学性原则是指运用现代管理理论、教育测量与评价理论、教育管理理论、心理学理论等作为充分的科学依据，使考试管理活动具有可靠性、可信度，并采用科学的考试管理方法、成熟的管理经验，使考试管理活动行之有效，以利于实现预期的管理目标。

3. 公正原则

考试管理公正与否，关系到考试的权威性，反映的是校风考风的建设程度，而且考试直接关系到被试者的切身利益，直接影响被试者的心理，影响着个体对社会的态度。因此，我们要积极地创造条件使考试公平公正。

4. 系统原则

系统是指由相互联系、相互作用的若干组成部分构成的有机整体，这个整体具有其各个组成部分所没有的新性质和功能，并和一定的环境发生交互作用。考试管理是一项系统工程，它包括教学管理工作、思想政治工作、后勤保障工作等方面，涉及教学系部、学生处、党团组织、总务、保卫等部门，教学管理部门要妥善安排，使考试工作井然有序地进行。

（二）高职院校课程考试管理运行条件的探讨

考试管理，其目的在于维护考试的标准规范，维持考试实际运作与计划方案相一致，使考试沿着预先设定的轨道运行。保证考试结果的真实性，并从中分析成功与失败的原因，探明修正的途径，通过反馈给新的考试运行提供理论及实践的依据。将考试目的从观念形态转化为现实形态，高职院校课程考试管理的正常运行应具备以下条件。

1. 健全的考试组织机构

若无健全的考试组织机构，自然也就谈不上深入开展考试实践中相关问题的研究，要不断更新、完善考试的理论，用以指导新的考试实践，进而强化考试主动适应社会发展需求的能力，使之正确发挥其功能。

2. 素质优良的考试管理队伍

一切先进的控制技术设备、各类考试行为规范、各项工作标准都有赖于高素质的控制者通过对人的有效控制才能充分发挥其作用，进而给考试运行以积极的影响。培养和造就一支高素质的考试管理队伍是保证考试质量，提高考试效率和效益的需要。参照考试管理系统的运行环节,考试管理队伍可以划分为考试行政队伍、考试业务队伍、考试科研队伍三类。

考试行政队伍是考试队伍中常规性的人员配置组合,它包括学校、职能部门、教学单位的领导者和一般行政工作人员。考试行政队伍的职责是负责考试管理机构各项职能活动的顺利进行和考试管理目的的有效实现。

如果说考试行政队伍的建设是源自加强考试活动外部组织管理的要求,那么考试业务队伍的建设则是出自考试流程内部运行的要求。考试活动是一个动态的运行过程,其流程要经过命题、施测、评卷等依次相连的环节,各个环节都事关考试的质量。考试科研队伍是伴随着现代考试改革和发展的深入而显示重要性的一支必不可少的考试队伍,其职责是结合高等职业教育教学实际、重点研究课程考试的理论与实践问题,从而为学校的考试活动提供理论指导。高职院校课程考试时间的非经常性决定了考试管理队伍的非专职性。也就是说,他们基本上都是兼职考管人员。应该特别指出的是,为了保证课程考试质量的不断提高,非专职性的考管队伍应该具有专业性的水平。

3. 权威的考试规范、严密的考试程序和科学的考试控制标准

实行考试控制的依据和准则是引导考试运行方向、防止考试运行偏离预定轨道的保障措施。同时,它也是维护考试权威性、公正性的必要条件。所谓考试规范,亦即考试运行的规程和参与考试活动各类人员的行为准则,它是控制考试运行的直接依据,一般包括考务规程、命题细则、监考守则、考场规则、评卷实施细则、考试信息管理规定、保密规定、违纪处罚规定等。严密的考试程序是指考试命题、实施与评价分析反馈、考场编排、各类工作人员配置等各个环节都要严格要求,注重考试的整个过程。科学的考试控制标准包含时间标准,如命题制卷、考场设置、实施测试、阅卷评分、考试结果分析处理等的起止时限要求。数量标准,如考点设置、考场编排、试卷长度和满分值、试卷印制与分装、施测环节各类工作人员配备、阅卷人员及所需设备配置的数量规定等。质量标准,如考号及考场编排的科学性,考点、考场设置的规范性,各类人员配置的合理性，施测控制的严密性，试题编审和试卷印制的合格率，试卷分装的标准性，评分、计分、登分、核分的准确率或差错率以及考试成绩的可靠性、有效性和公正性。

4. 良好的信息传输与反馈机制

倘若没有确切的信息反馈，科学的统计方法和先进的技术手段就谈不上对考试流程进行富有实效的控制。从整个考试的过程来看，考试质量分析是信息反馈的主要途径，应该根据考试结果为学生提供反馈，以检查教学目标的实现情况，检查教学措施的实施效果，发现教与学两方面存在的问题，从而改进教学工作。

从教师自身而言，在试题反馈分析的过程中，能够及时收集来自学生的真实信息是一笔难得的宝贵财富，是一次向学生学习和自身学习的过程。通过试题反馈分析，教师不仅了解了学生的学习需求，看到了命题中需要改进的问题，并能从考试中获得许多启示和感悟。通过与学生交流，促进教学反思，在反思中学习，在反思中丰富教学经验，从而提高教学能力。

从教学管理的角度而言，组织试题反馈分析的过程就是检查、反思、总结、促进教学相长的过程，它为今后命题、考试、评价等方面教学管理工作积累了宝贵的经验，同时也为教学双方提供了一个平等、真诚的教学交流和情感互动的平台，对师生双方都起到了积极的促进作用。通过考试的质量分析，能够使考试决策层及时客观地了解考试的情况，从而对考试活动中出现的种种偏差进行分析，以探明考试造成偏差的原因，并进行调节和控制。良好的信息传输与反馈是保证考试决策正确的重要依据，也是促使考试走向科学化的必要措施。

二、高职院校课程考试管理改革的对策

高职院校课程考试管理是一个由多因素组成的相互制约、相互促进的封闭动态系统。因此，改革高职院校课程考试管理应该坚持系统论的观点和方法。

（一）推进考试观念的深层次转变

思想观念是行动的先导,"欲革新,先革心"。转变高职院校领导、教师、教管人员乃至学生关于课程考试的观念,是推进高职院校课程考试改革的前提和基础。这里要强调指出的是,高职院校领导、教师和教管人员要在思想上真正承认考试是一门科学,要真正弄清、弄懂这门科学,因为唯有了解、掌握了考试的理论、运行规律、方法与技术,才有可能在课程考试中正确、有效地运用这门科学。必须正确认识考试管理是一项关系考试成败、人才培养质量的系统工程。考试活动是一门科学,考试管理活动是考试活动的重要组成部分。因此,考试管理不仅是一门科学,也是一项系统工程。对于高职院校领导、教师和教管人员来说,一是要真正认识考试管理是一门科学,是一项关系考试成败、人才培养质量的系统工程;二是要学习、掌握这门科学,了解、熟悉这一系统工程的特点、运行规律和控制理论与方法等。唯有如此,才能够确保课程考试组织实施的科学有效性。

（二）建立考试中心,完善考试管理规章制度

考试管理要系统化、规范化,必须建立健全考试管理机构。考试是一项系统工程,为保证考试的顺利进行,提高考务人员的业务水平和考试管理质量,高职院校应该成立考试中心,统一管理高职院校课程考试。作为高职院校考试的综合管理机构,考试中心的职责与任务包括以下四点。

1.统一规划、组织和实施高职院校的课程考试

传统课程考试的模式是高职院校制定统一的要求,各教学单位自行命题、制卷、施测、评卷、登分,有的高职院校有总结评估的环节,有的高职院校没有。课程考试事关人才培养质量,又是一项科学性、技术性很强的系统工程,应该由学校考试中心统一规划、组织和实施。

2.建立、完善课程考试管理规章制度并坚持严格地实施

课程考试的主要目的和功能是育人,是有利于人才的培养和成长。为了实现这种功能,达到这种目的,课程考试及管理就必须科学严密。课程考试又是

一项科学性、技术性很强的系统工程，故对其管理必须有一整套科学、合理、严密的规章制度，并在课程考试中坚持严格地实施。

3. 针对学校课程考试的实际和需要，开展课程考试的评估与研究

对实施的课程考试组织分析、评估和根据需要开展针对性研究一直是高职院校不够重视的环节，而这又是一项提高课程考试质量，进而有利于促进人才培养质量提高的重要工作。所以，这将是考试中心的一项重要任务。

4. 承担考试管理方面的人员培训

课程考试的监考人员一般是临时和兼职的，对其进行培训是必需的，如组织他们学习《监考须知》《学生考试行为规范》以及《考试违规处罚条例》等，要求他们以高度的责任心和严肃认真的态度对待每一场考试。

（三）培养和建设高素质的考试管理队伍

精干的考试管理队伍，是有效发挥考试管理功能的根本条件之一。严明的法纪可以使考试管理从制度上得到保障，健全的机构可以从组织方面保证考试管理功能的正常发挥。课程考试属校内考试，与社会考试相比，其规模较小，只是学校工作中的一项，且时间上是间断的。然而，这一切并不意味着课程考试管理就不需要高素质的管理队伍。所以，高职院校应重视课程考试管理队伍的建设。考试管理队伍包括：①科研队伍。考试实践证明，没有科学的考试理论做指导，就不会有成功的考试实践，尤其是现代的考试管理，更需要科学的管理理论、方法、技术和手段。只有在考试管理实践的过程中，有重点、有针对性地开展考试及考试管理方面理论、技术、方法等的研究，才能使考试工作决策符合科学化的要求，从而发挥考试应有的功能，促进学校发展。②行政队伍。考试行政队伍直接关系到考试管理机构各项职能活动的顺利进行和考试管理目的的有效实现，对提高考试管理工作质量具有重要的意义。③业务队伍。考试业务队伍是应考试流程的运转出现的，随着各自环节职能的实现，相应的业务队伍也就暂时失去了存在的需要。它包括命题队伍、实测队伍、评卷队伍及监督反馈队伍。

兼职性、非常设性和专业性应该是高职院校课程考试管理队伍的基本特征，也应该是高职院校队伍建设过程中应遵循的基本原则。所谓兼职性和非常设性是指课程考试管理队伍的组成人员不可能是专职的（学校考试中心的人员除外），这一部分人员只占整个队伍的很小的比例，他们平时可能工作于校机关、教学单位或学校的其他单位，只是在学校组织课程考试时才成为考试管理人员。所谓专业性是指这支队伍的成员应该具有专业化的水平，即他们中的绝大多数人虽然不是以考试管理为职业的，但他们都应该了解和熟悉自己在考试管理中从事的那一项工作所必须了解和熟悉的理论、技术等专门知识技能，并具有搞好这项工作的能力。没有职责就无所谓管理，高职院校对这支特殊队伍的管理也应同其他队伍的管理一样，分工明确，职责明确，考核明确，奖惩明确。

（四）实施科学的教考分离

教考分离制度是一种现代教学管理手段。所谓"教考分离"是指将教学与考试分离进行，即将过去某一课程由任课教师自己命题、自己评分的做法改为从规范、标准的试题库中筛选、组合出符合要求的试卷，或由教学管理部门组织教学经验较为丰富的非任课教师依纲命题，并统一组织考试，统一评阅试卷。实行教考分离的目的是提高考试的质量和水平，为学生成绩的评定、教师的教学评价以及教学管理决策提供科学的依据，它有利于促使授课教师中全面系统地贯彻教学大纲的各项要求、学生端正学习态度和良好学风的建设。既能促进教师的教，又能促进学生的学。充分体现了教师的主导作用和学生的主体作用相结合的教学原则，充分调动了师生的积极性。推行高职院校的教考分离需从以下四点入手。

1.加强宣传，统一思想

推行教考分离的首要任务是加强对教考分离制度作用和意义的宣传，从学校上层、中层到教师，层层推进，调动各方面的积极因素，使认识统一到培养合格人才上来，以有利于逐步实施教考分离制度。

2.科学合理地实行教考分离的课程

从教学总体效益上讲并非每门课程实行教考分离都有利，如文科类的一些课程，本身要求学生涉猎广泛，如果把试题局限于课堂内的几本书，显然不利于培养学生的能力；又如理科的一些专业性很强、难度很大的后续课程，学校常常只有一两个教师熟悉课程内容，推行教考分离也不太切合实际。因此，学校应该在充分调查研究的基础上，科学合理地实施教考分离的课程。

3.积极修订教学大纲，为课程实施教考分离创造前提条件

教考分离制度将教与考分为两条线，没有课程大纲则无法组织有效的教学，更无法组织有效的考试。因此，高职院校应积极组织力量修订、制订课程大纲，为课程实施教考分离创造前提条件。

4.建立高质量的题库，使教考分离更科学化

实行教考分离的重要途径是建立科学的题库，科学的题库可以提供各种规格、各种层次及科目的试题。采用试卷库的试卷可以避免教师命题随意性等相关问题，学校内部考试通过这方面的改进可提高校内考试的质量与权威性。建设科学的题库、卷库并非一蹴而就，它既是一项阶段性的、多方人员合力攻坚的综合技术工程，也是一项长期的、由专业技术人员不断充实、革新、完善的系统工程。在高职院校中试题要注意学科性、专业性以及适应学生能力、教学水平变化的需要。

（五）考试方式多样化

学校应鼓励教师根据本门课程的性质选择灵活多样的考试方式，突出课程的考核重点。在国外，高职院校考试的方式在20种以上，如无人监考考试、论文、开卷考试、阶段测试、试验和实地考察、答辩、专题讨论、口头演示、同学评价、图片演示、设计、制图或模型、个人研究项目、小组研究项目、自评、以计算机为基础的评价、资料分析、书评、图书馆运用评估项目、课堂表现、实习和社会实践笔记或日记、口试以及闭卷考试等。国外考试的显著特点之一就是每一种形式都有与之相配套的设施和措施，以保证整个考试的有效性。

高职院校基本的考试形式可采用以下 7 种。①闭卷考试。指考试中不允许携带和查看任何资料的一种用笔答卷的考试方式。②开卷考试。指考试中允许携带和查看资料的一种用笔答卷的考试方式。该方法根据允许携带和查看资料的限制情况，可分为全开卷考试和有限开卷考试或一页纸开卷考试。全开卷考试指考试中允许携带和查看任何资料；有限开卷考试或一页纸开卷考试是指在考试中，允许携带和查看规定资料或写有学生自己总结和归纳课程内容的一页纸。③口试。指应试者通过语言来回答问题的一种考核方法（答辩考核），它是面试中常用的一种。④成果考试（如设计、论文、报告、制品等）。指应试者就某个具体问题或任务、项目通过查阅资料、计算、绘图和制作等环节，用规范的方式做出书面表达或形成实物作品的一种考核方法。⑤操作试。指通过应试者现场操作或具体的工作实践，直接检测应试者所具备的从事某种工作的现有素质、技能与能力的一种方法，包括实务作业、样本操作和模拟操作等测试方式。⑥计算机及网上考试。指直接在计算机上答卷的一种考试方式。⑦观察考核。指通过对学生一定时期的观察，对其做出评价的一种考核方法。

　　每种考试方式各有其特点，单凭一种考试方式不可能全面反映学生综合运用知识的能力，应采用其中几种方式相互组合以取长补短，这样既可以考查学生掌握知识的程度，又可以检验学生运用所学知识解决实际问题的能力，使考核结果更全面。还可以通过奖励措施鼓励并引导学生从多方面、多角度，用多种方法来解决同一问题，以培养和发展学生的创造思维能力。选择最佳的考试方式是提高考试效度的重要途径，适当灵活的考核方式能够进一步提高学生的学习主动性和自觉性，从而进一步巩固和深化所学课程的知识，举一反三、触类旁通，这样既能帮助学生培养良好的学习习惯，又能锻炼他们各方面的能力，从而达到育人的目的。改革考试形式并不是简单的问题，它需要各方面配套改革措施，需要有规范的教学政策和条件来支持，尤其要求改革传统的教学管理体制。考试形式与教学思想、教学内容、教学方法、课程安排和师资队伍建设等密切相关，所以，考试方式的改革不仅需要鼓励广大教师改革考试的内容，还需要各方面合作才可能取得成功。

（六）网络化考试——知识和信息时代高职院校考试的改革方向

21世纪是知识和信息爆炸的时代，高职院校课程考试方式和内容应与时俱进，顺应知识和信息快速发展的局势，充分运用信息时代网络信息平台提供的方便，使考试管理既严肃、科学，又灵活、多样和开放。我们要以激发学生的学习和探索知识的兴趣为前提，使学生处在相对轻松的课程学习过程中，为掌握更多的知识和提高分析解决问题的能力而学习，以提高教学质量。

1.实施网络化考试，顺应知识和信息快速发展的局势，提高考试质量

从考试方式上，提出打破传统的以闭卷考试为主的方式，应根据不同专业、不同课程的性质和特点，灵活运用闭卷、开卷、笔试、口试、答辩、论文、操作等多种考试形式和方法，并增加考试机会；从考试内容上，提出拓宽考题所涉及的内容，增加考核学生分析和综合运用能力的题型。在命题时，要严格考试命题，坚持教考分离，严格命题环节，加强试题库建设；在评价中，可以通过学生自评、学生互评、小组评价、教师评价等多种形式进行。通过这些丰富多样的考核形式，能促使学生开放个性和创新意识精神的形成。

2.网络考试的概念

网络考试是指通过局域互联网，并利用计算机进行考试的行为，网络考试和在线考试以及网上考试的概念都是一致的。网络化考试将传统考试的各种工作流程通过计算机实现信息化和电子化的管理，使各种考试可以在网络平台下实现，它包括组卷系统、考试系统、阅卷系统、成绩查询分析系统、试卷制作管理系统。该种考试形式在实现无纸化考试的同时，也强化规范了教学评估的手段，适应多媒体教学的层次和水平，同时也提供了科学准确的教学研究数据，具有传统考试形式不具有的优势。

3.高职院校全面实施网络化考试的条件已经具备

目前，高职院校已有完善的网络系统，包括信息联网共享系统和大型计算机房以及许多学生都有自己的个人计算机，高职院校实施网络考试的硬件已经具备。同时，高职院校具有一批高水平计算机专业知识的教师和相关技术人员。

所有高职院校学生在第一学期都有计算机基础应用的课程，这为进一步提高学生的计算机理论和应用打下了基础；许多成熟的网络考试平台或软件已应用于不同行业的考试中；许多高职院校都有计算机和信息技术相关专业等，这些都是高职院校实施网络考试的软件。通过合理的调配和运用这些硬件和软件，高职院校已具有全面实行网络化考试的条件。

4. 网络化考试的优点

网络化考试是一种新的高职院校考试管理模式，它具有以下优点。

第一，网络化考试要求具有高质量的科学性、全面性，如在难易程度和测试学生综合学习水平和能力等方面具有题库。在我国高职院校，无论从规模、数量和质量以及师资水平等方面，都具备各专业学科标准化和高质量题库建设的要求。要通过由不同高职院校相同专业推选优秀的专业教师组成考题题库的命题机构，搜集、整理历年题库，并在此基础上根据不同课程的发展现状，建立不同专业课程的高质量的试题库。由于命题机构是由同一学科优秀的专业教师组成的，试题的科学性、全面性、难易程度和测试学生综合学习水平和能力等方面会得到最大限度的提升，并且会不断通过不同学校学生考试效果的检验和学科的发展而不断改进和更新。

第二，网络化考试有利于培养和考核学生分析解决问题的能力。由于试题的科学性、全面性、难易程度和测试学生综合学习水平和能力等方面的优化，能够考核学生的学习效果和分析解决问题的能力，这也同时要求和促使教师不断地自我学习，改革和改进教学方法、教学内容和教学水平，促使学生不断改进学习方法和学习态度，以提高其综合学习能力。

第三，由于有了高质量的题库和网络考试，使同一门课程不同时间进行多次考试很容易实现，使学生处在一个相对宽松的、探索知识、提高分析和解决问题能力的学习环境当中。

第四，实施网络化考试提高了考试成绩的区分度、效度和信度。由于统一的、高质量的、科学的评价标准以及试题的科学性、全面性、难易程度和测试学生综合学习水平和能力等方面的提升，使考试成绩的区分度、效度和信度具有科学性。

第五，实施网络化考试能够节约人力资源。实施网络化考试能够节约教师的命题和阅卷时间，可以使教师把更多的精力和时间用于教学和科研上，不断提高教学水平和教学质量。

第六，实施网络化考试有利于学生更好地运用网络信息探索和学习科学知识，从而培养学生良好的学习习惯。实施网络化考试除了具备科学性、全面性、难易程度和测试学生综合学习水平和能力等方面的题库外，与之相适应的相关学科的网络学习和复习资料也能为学生的学习辅导提供方便。学生在进行网络课程资料的查询和学习中，会潜移默化地引导他们把网络作为探索学习的主要工具。

第七，实施网络化考试具有巨大的经济和社会效益，对构建节约型的可持续发展的社会具有积极的作用。如能够节约大量的纸张和油墨等消耗性和污染性的资源，从而对减少土地和植被的消耗以及减少环境污染起到积极的作用。

第八，高职院校实施网络化考试对推动网络考试的全社会普及有着重要的示范作用。作为科学技术创新发展主要源泉的高等学校，对推动科学技术转换为生产力起着巨大的示范作用。高职院校实施网络化考试必将对推动网络考试的全社会普及有着重要的示范作用。

正是由于网络化考试明显优于传统考试，实施网络化考试成了高职院校考试改革的一个重点方向。

第五章　高等职业教育教学的发展创新

第一节　寻求高等教育路径现代化

推进高等教育现代化，建设高等教育强国，必须立足于中国社会现实与实际需要，扎根于中国文化教育的土壤与血脉，吸收借鉴人类知识积累与文明成果，特别是要抓住当下中国深化改革、扩大开放、推进社会转型的良好时机，充分利用政府科教兴国、人才强国、创新富国的政策支持和资源优势，在保持高等教育规模稳步扩大、多样性与丰富性不断增强的同时，努力提升高等教育的质量与品质，认真探索适合中国社会需要和发展节奏的高等教育现代化模式。

一、探索高等教育现代化的中国路径

实现高等教育现代化是宏大而独特的教育创新，也是广泛而深刻的社会变革。在这一过程中，我们既不能简单延续中国高等教育发展的已有经验，也不能完全模仿西方发达国家高等教育的发展模式，只能在承继历史、借鉴他人的基础上，努力探索适合中国国情、具有中国特色的高等教育现代化之路。这是中国跻身世界知识体系前沿，形成中国高等教育思想、制度和文化高地的关键所在。

（一）坚持走中国特色和世界水平相统一的道路

到2030年，中国不仅要在高等教育规模、结构、质量、效益、公平等方面达到国际先进水平，还要为人类社会贡献中国人所创造的具有普遍意义的办

学理念和可资借鉴的办学模式。将"中国特色"与"世界水平"融为一体，使其相互支撑与促进，是中国高等教育现代化探索进程中最具挑战性、最有价值的部分。强调"中国特色"并非指中国独有，而是以中国为案例，通过对这片土地上近百年改革探索与创新实践的浓缩提炼，展示中国面对全球化、知识经济及社会转型的多重压力，艰难生存、崛起并发展的历史经历，为人类命运共同体应对当前和未来全球重大问题的挑战提供具有普遍意义、可资借鉴的经验。

（二）坚持走文化优势与体制优势相结合的道路

高等教育现代化的建设路径要立足中国国情，扎根中国血脉。中华民族源远流长的文化教育传统历经人类历史长河的冲刷洗礼，不仅值得，而且必须为现代中国人所珍惜和承继，这是支撑我们生存和发展的精神基因。在高等教育现代化的过程中，我们要努力挖掘和弘扬中国文化传统中具有现代生命力和普遍解释力的原创性资源，树立文化自信，使现代中国的重新崛起具备坚实的文化根基。

作为"后发型"的发展中大国，中国社会对高等教育旺盛的需求与相对匮乏的资源支持形成巨大反差。我国要缩短与发达国家的差距，高等教育现代化建设要强化目标导向性决策，就要充分发挥我国社会主义制度能够集中力量办大事的政治优势。同时积极开拓和利用市场、社会等多种资源，大胆突破制度性瓶颈和体制性障碍，使高职院校拥有更加自主、自律发展的条件和空间。

（三）坚持走教育发展与国家富强相结合的道路

从现代高等教育的发展规律来看，将知识生产、人才培养与服务国家战略有机联系在一起是发达国家高等教育机构生存发展并走向成功的共同特点。美国的许多世界一流大学都通过参加国家三大科学工程（曼哈顿工程、阿波罗登月计划、人类基因组计划）奠定和巩固自己的学术领军地位，并形成全球影响力。中国的很多高水平大学也是在高度参与国家工业化、现代化进程，对国家知识创新体系建设做出贡献而得到政府和社会认可，逐渐跻身世界一流大学行列的。高等教育发展的根本动力来自宏观经济社会需求与大学发展内在逻辑的有机结合，走向 2030 年中国高等教育现代化进程，必须找准高等教育和国家发展富强的结合点，在政策与实践上精准发力，走依法治教之路：一方面政府通过体制改革，简政放权，赋予高职院校更大的法定治理自主权；另一方面高职院校要加强服务国家战略需求的意愿与能力，使人才培养及学术研究的成果在国家可持续发展及现代化建设中发挥更大的作用和价值。

（四）坚持走全球视野与中国意识相结合的道路

高等教育现代化是世界性趋势，需要我们以开放的姿态走向世界，以虚心的态度学习国外先进经验，以积极的行动参与国际交流。高等教育现代化也是本土行动，需要立足国情，针对中国社会实际问题，制订本土化解决方案。

中国改革发展中面临的问题既有中国特定经济社会因素，也有全球化的共同背景。因此，发现并科学解释和解决这些问题必须将全球视野和本土意识相互结合，将人类社会所积累的多学科知识、多领域经验与中国独特的文化传统和实践智慧融会贯通，走出具有中国特色的现代化建设之路。

二、强化高等教育资源保障与政策导向

高等教育已成为人类所创造的最庞大的社会事业，其现代化建设需要投入大量人力、物力、财力及政策资源。可以说，资源保障是高等教育现代化建设的重要基础，是中国到 2030 年整体实现高等教育现代化的约束性条件。历史经验告诉我们，凡是跨越中等收入陷阱的国家，都是在发展的关键时期保障并提高了对教育的投入；凡是在教育上欠账的国家，都跨不过中等收入陷阱。因此，我们必须将资源保障提到战略高度。

（一）继续加大高等教育经费投入

高等教育经费投入是衡量一个国家保持并发展其创新能力的重要指标。近年来，我国的高等教育经费虽然随着经济的不断增长而上升，但是与发达国家，尤其是高等教育强国相比，还有不小差距。为实现高等教育现代化，必须保障经费投入。

第一，加大政府投入，提高高等教育经费占GDP的比例，提高高等教育经费在国家财政支出中的比例。《中华人民共和国高等教育法》对我国高等教育经费的来源渠道有着明确规定，即"国家建立以财政拨款为主、其他多种渠道筹措高等教育经费为辅的体制"。这样的公与非公相结合的高等教育经费体制符合世界高等教育发展潮流。

第二，增强高等教育经费的多渠道筹措机制，提高非政府投入经费的总量和比例。目前，我国高等教育经费的多渠道来源主要包括学生学费、银行贷款、校企合作收入、捐赠、基金收益等。其中高职院校收费改革遭遇到了学费水平的"瓶颈"，高职院校收费制度有待创新。要打破统一学费水平的制度安排，通过价格细分，实行差异性收费。在学费标准的制定中应综合考虑学校水平、学科专业性质、学校所在地区经济水平、学生家庭收入水平等变量，实现学生的学费水平与学生家庭支付能力、学生培养成本以及毕业后的预期收入成正比。重视高等教育发展水平和经济发展水平的地区差异，扩大高职院校收费自主权。

第三，提高高职院校自身经费筹措能力，丰富高等教育经费多元化投入体系。要积极扩大对高等教育的非"政府"投入。例如，在核算生均成本的基础上，针对不同地区、不同专业、不同学校、不同收入水平的学生制定不同学费标准。在成功化解目前高职院校债务危机的基础上，可以考虑通过立法或其他措施进一步建立和完善我国高职院校长期低息贷款制度以及公开发行债券制度。高职院校应通过科研成果转化和专利技术转让，进一步吸引社会企业增加对高职院校的经费投入。发展并完善创业型大学理念，借鉴国外高等教育经费投入体制改革经验，在增加政府财政拨款和社会多种资金投入的同时，增强大学自身经费筹措能力。将改革高等教育经费投入体制作为国家综合改革的重要目标之一。为实现这一改革目标，以市场为核心的筹款管理、投资管理、产业经营等营销策略将成为高等教育自力更生，从"创收"走向"盈利"的重要选择。

（二）切实发挥拨款的政策导向作用

政府政策在我国高等教育的改革与发展中作用明显，这是中国高等教育的特色所在，是由我国长期以来所形成的高等教育管理体制所决定的。因此，在实现高等教育现代化的过程中，依然应该充分发挥政府政策的导向与保障作用。

当前要解决的主要问题是，如何在非竞争性经费拨款方面突出公平性，在竞争性拨款方面保持灵活性。为了能够最大限度地保障非竞争性经费拨款的公平性，实现区域高等教育的均衡发展，逐步建立和实施严格的生均拨款制度是必需的选择，即政府部门对于高等教育的非竞争性经费拨款应在参照生均培养成本的基础上严格按照在校学生数量进行拨付。由于我国区域经济发展不平衡，高等教育生均拨款制度的建立还有赖于高等教育财政转移支付制度。在竞争性经费的拨款方面，政府部门除加大投入力度外，还应在拨款的过程中尽可能淡化身份制度和行政级别，努力打造一个公平而高效的科研竞争环境，建立起完善的绩效拨款制度。

为使政府政策资源发挥更大作用，应该进一步做到政策程序的合理性、政策面向的公平性、政策内容的科学性。为规避政策风险，预防政策失误，政策制定需要有合理依据并遵循科学程序。与经济格局一样，我国高等教育的体系内实际存在着丰富的多样性、层次性和差异性，政府应当秉持公平的原则，采取公正的立场，区别不同地区、不同层次、不同类型高职院校发展需要，做出资源配置上的科学决策。

（三）促进形成社会广泛支持的体系及机制

现代高等教育体系内部的许多问题本质上是社会问题的反映，因此现代高等教育的改革与发展离不开社会的理解与支持，这是实现高等教育现代化的重要社会资源。社会资源对高等教育的支持表现在多个方面，如社会捐资、通过产学合作的方式支持高职院校科研、通过共建实习实践基地参与高职院校的人才培养等。充分调动社会资源参与高等教育需要政府政策的支持，需要进一步制定与完善鼓励社会机构支持参与高等教育的相关法律法规；同时高职院校应与社会形成良性互动关系，合作共赢，构建包括政府与社会各类机构在内的有效高等教育社会支持体系。

三、促进中国高等教育的系统转型

21世纪的前30年，世界规模最大的中国高等教育体系经历了从精英向大众化阶段过渡，进入普及化阶段的历程。高等教育在这一历程中要经历脱胎换骨的变化，使同质化、封闭式的教育体系转型为多样化、开放性、协调性的教育体系。

（一）适应普及要求，提升服务经济社会多样化需要的能力

多年来，我国庞大的高等教育系统一直存在同质性强、内部创新要素发育不足以及服务经济社会多样化需要的能力有限等问题。知识经济社会对高等教育需求的增加带来高等教育功能的拓展，传统高等教育难以为继，必须进行系统转型。

从东亚地区的经验看，学生的学习具有一定程度的"实用主义"色彩，在基础教育以升学为导向和高等教育以就业为导向的背景下，学生的学习动机与经济发展速度成正比，在经济腾飞阶段，经济快速增长能够提供较多、较好的就业岗位，大学生学习的积极性较高，因为毕业可以找到好工作；而经济发展进入平稳增长甚至停滞阶段，就业岗位减少，"好"的岗位远不能满足需要，学生的学习动机就会下降，厌学情绪上升。目前，我国经济发展已经由高速增长转变为平稳增长，需要高等教育的系统转型。系统转型是从性质单一的传统高等教育体系转向内涵丰富的第三级教育系统，突破原有大学教育与职业培训、正规高等教育与非正规高等教育、全日制高等教育与非全日制高等教育的藩篱，改变狭窄固化的人才培养理念和制度，培育新的教育机构和组织形态，形成能使不同人才脱颖而出的培养环境和机制；系统转型是高等教育系统在自身与外部环境的互动中，根据社会发展形势与要求，遵循高等教育自身发展规律，实现系统的全面发展与进步，这种转型是渐进式的自身发展演变，而非外部强力推进下的断裂式变化。

经历系统转型的现代化高等教育体系，应该既符合国家和社会优先发展日

标，又保障人民群众享有基本教育权利；既适应经济社会发展需要，又满足学习者多样性需求；既与基础教育、职业教育相连接，又体现终身学习理念，综合完善的第三级教育体系。我们要从第三级教育系统的建设与完善上，统筹规划职业教育和普通教育、学校教育和终身学习、高端人才培养与大众普及教育等工作，提高教育系统的健康性，实现教育形式的多元化。

（二）促进多样发展，丰富包容性教育的学制体系内涵

高等学校多样化是高等教育现代化的必然要求。现代高等教育系统发展逐渐由同质化走向多样化、异质化。未来十几年，伴随世界一流大学和一流学科建设，普通本科院校更加突出与经济社会发展结合、应用型人才培养以及现代职业教育体系建设，我国将逐步形成以"双一流"为代表的研究型大学和以应用型高职院校为代表的地方性、行业性本科院校以及以示范性高职为代表的高等职业技术学院，以此为基础建立起中国特色的高等教育分类体系。

明晰不同类型高等教育的层次结构、功能定位，突破人才培养的制度壁垒，打造一个同时注重应用性技能与学术创造性的第三级教育系统。以多样型人才培养体系取代将学术置于顶端、将技能置于底端的传统"金字塔形"教育体系。要完善我国高职院校合理定位的法规和政策体系，通过构建《普通高等学校分类标准》，完善《普通高等学校设置条例》，明确各类高等教育机构的定位，加强对不同类型高职院校的分类指导和管理。

要破除传统的政府或单一学术视角的高职院校层次分类标准，形成综合政府、社会、高职院校、市场的多维视野，构建起类型与层次相互结合的多元高职院校分类框架。真正代表普及化时代高等教育的不仅仅是少数几所一流大学，而是一流多元的高等教育体系。在这一体系中，各类高职院校平衡发展，各展所长，办出特色，办出水平。既有世界一流的研究型大学，也有世界一流的应用型高职院校和高等职业技术学院。不同类型高职院校的学生都能受到公平、适切的教育，成长为合格人才、有用之才。

适应和促进高等教育的办学形式、学习者的学习方式、高等教育机构的存在方式的深刻变化，在包容发展中推进多样化的高等教育。逐步形成以政府主

办的公立高等教育与民办高等教育、中外合作办学、企业大学等共同包容发展的高等教育系统。为学生和社会各界提供更充分、更多样、更适切的学习机会。

（三）做好制度设计，维护协调性发展布局和开放性学制体系

高等教育现代化要求高等教育有序协调发展。这种协调包括多方面、多重关系的协调。基于我国地域辽阔、人口众多、发展不平衡的现实，积极推进区域高等教育的协调发展，不仅是教育问题，而且也是经济问题和政治问题。高等教育布局既要考虑不同区域经济社会发展需要，又要尊重高等教育自身发展规律，统筹和平衡高等教育规模、质量、公平与效益间的矛盾与张力，提高高等教育的聚集程度，建设世界级、全国性和区域化的高等教育中心。

开放性学制体系首先是推进高等教育体系内部的开放合作。以灵活的学习制度和教学管理制度为纽带，搭建起开放多元、便捷畅通的高等教育"立交桥"和终身学习平台。实现高等教育真正意义上的综合化，既促进校内学科专业交叉融合，又增强高职院校间的开放与合作，还要推进高等教育体系面向社会的开放合作。以国民教育体系为依托，充分发挥网络教育、自学考试等系统的平台作用，建立更加开放和多样化的继续教育体制框架，以企事业单位继续教育和岗位培训为重点，推进学习型组织建设。以在职学习提高为主体，促进职前教育与继续教育相互衔接、普通教育和职业教育相互沟通、有组织教育与自主学习相互补充，实现各类教育共同发展，资源共享，推进形成全民学习、终身学习的学习型社会。同时，要关注国内与国际高等教育的开放合作，搭建国际与国内高等教育交流合作网，提高高等教育的国际化水平与能力。

四、完善高等教育治理体系

实现高等教育现代化，需要在既往改革的基础上，不断探索适应我国国情、符合世界潮流、能够推动现代化进程的制度、体制与机制。完善高等教育治理体系，实现高等教育治理能力现代化，依法治教，理顺中央政府与地方政府、高职院校与政府之间的关系，进一步扩大与落实高职院校办学自主权，完善中国特色现代大学制度建设。

（一）推进两级管理三级办学制度

明确划分中央与地方政府管理高等教育的权限，逐步完善"省级统筹"的高等教育管理制度。虽然我国确立了统一领导分级管理的高等教育体制，但各种法规只对中央和地方的管理权限做了笼统的划分，许多方面缺乏明确具体的规定，导致高等教育管理往往会出现主、次要角色偏离和权限范围内、外的角色偏离等问题。符合经济体制改革的走向，适应建立条块有机结合的新型高等教育管理体制的需要，高等教育管理体制改革和布局结构调整需采取以宏观指导下的省级政府统筹为主的原则，把中央部委属高职院校与地方高职院校的改革与调整有机结合起来，在管理体制的变化中实现高等教育资源的优化调整。地方在规划和实施本地区范围高职院校改革与调整时，要主动统筹考虑本地区范围内包括部委属高职院校在内的所有高职院校，有关部门则应密切配合。

"完善以省级政府为主管理高等教育的体制"是《国家中长期教育改革和发展规划纲要（2010—2020年）》（2010年）提出的明确目标，也是我国具体国情的必然要求。我国作为一个发展中的大国，基本特征就是各省、市、自治区之间经济社会发展很不平衡。中央政府在许多具体的高等教育管理方面难以制定并实施"一刀切"式的全国性政策。因而，在完善高等教育管理体制的改革过程中，不仅要发挥中央层面的宏观调控作用，还需要突出省级政府的区域统筹作用，做到权责一致、权力均衡、统筹和决策相统一等。

（二）进一步理顺高职院校与政府、社会的关系

继续推进政府放权、学术事务去行政化，使高职院校真正成为面向社会、面向市场自主办学的法人实体。政府与高职院校的关系是我国高等教育改革与发展的核心问题，政府是（公办）高职院校的举办者和管理者；高职院校是具体的办学者，是高等教育活动的关键角色，具有核心地位。因此，高等教育管理制度改革的目标之一应是理顺政府教育管理职能，构建政府与高职院校的新型关系，切实扩大高职院校办学自主权，推动高职院校学术工作去行政化。中华人民共和国成立70多年来，随着中国社会经济的历史性转变，政府与高职

院校关系的发展经历了一个由政府计划到政府监督、政府协调的过程，微观控制转变为宏观监督与协调管理，中央集权转变为分权和放权，按计划办学转变为自主办学。在这个进程中，政府引领和推动着高职院校的改革、发展，高职院校自身也在发生深刻的变革，只是不同类型、不同层次的高职院校变革程度不同。"政府有限干预、高职院校自主办学"应该成为构建政府与高职院校新型关系的主要目标。政府必须转变教育管理职能，认识并尊重高职院校区别于其他机构尤其是行政机构的特性，改变直接行政干预的单一方式，履行政策引导、统筹规划、监督管理和公共财政投入等多方面的职责；高职院校则要面对政府与社会问责，自主办学，接受质量和绩效评估。

高等教育现代化是国家强盛、社会繁荣、学术发达的重要表征。我们要从实现中华民族伟大复兴的历史高度和建设人力资源强国的战略全局出发，用开放的态度、国际的视野、创新的思维、认真扎实的行动，为实现中国高等教育的现代化目标贡献力量。

第二节　推进高等教育治理现代化

一、现代大学制度建设决定高等教育改革发展的成败

建立健全中国特色的现代大学制度，直接影响着我国高等教育改革发展的成功与否。建设现代大学制度的重要前提是牢固树立依法治校观念，依法有序推进改革发展。我国已经建立了比较完整的教育法律制度，特别是2018年第十三届全国人民代表大会常务委员会修正的《中华人民共和国高等教育法》，使得依法治教办学的基础更加厚实。我国最根本的法规制度安排，是党对高职院校的领导，高职院校要培养中国特色社会主义事业的合格建设者和可靠接班人。现代大学制度就是为适应中国国情和时代要求，建设依法办学、自主管理、民主监督、社会参与的大学制度体系。形成政府宏观管理指导、大学依法自主

办学、市场竞争配置、社会第三方评价支持的共主体的高等教育治理体系。建立现代大学制度主要包括两个方面的内容：一是完善大学的外部治理结构，建立政府、学校、社会之间法权边界。在遵循高等教育办学规律的基础上，依法扩大和落实大学自主办学权，明确和规范政府管理权限和职责，引导市场适度调节，促进社会有效参与和监督。二是依照现代大学内部的逻辑，理顺内部治理利益相关者的关系。完善党委领导、校长负责、教授治学、民主管理的内部治理体系，充分激活大学的创新活力，将加快我国高等教育现代化步伐，并促进一批大学和学科向世界一流水平迈进。经验表明，一些发达国家大学之所以能够成为世界一流大学并且长盛不衰，关键在于建立了与本国国情相符、科学合理、动态调整的大学制度。当前我国大学正处于从高等教育大国向高等教育强国转型和改革深化的关键期，大学面临着越来越复杂的外部环境和内部利益结构，只有建立健全现代大学制度，通过完整规范的制度建设不断理顺和完善大学的各种关系，才能使大学保持旺盛的生命力，推动大学健康、有序、创新、和谐发展。换言之，要使我国大学更好地发挥社会主义制度优势，实现建设创新型国家等战略目标，就要求进一步转变治理理念、深化高等教育体制改革，探索建设符合高等教育内外规律的中国特色现代大学制度。

二、落实管、办、评分离是现代大学治理的必然趋势

推进教育治理体系和治理能力现代化，就是要适应国家治理体系和治理能力建设，根据教育发展的自身规律和教育现代化的基本要求，以构建政府、学校、社会新型关系为核心，以推进管、办、评分离为基本要求，以转变政府职能为突破口，依法建立系统完备、科学规范、运行有效的制度体系，更好地调动中央和地方两个积极性，更好地激发每所学校的活力，更好地发挥全社会的作用。政府宏观管理，就是要转变职能、简政放权、创新方式，把该放的权放掉，把该管的事管好，做到不缺位、不越位、不错位。学校自主办学，就是要依法落实学校办学主体地位，明确权利责任，自我管理、自我约束、自我发展。

社会广泛参与，就是教育质量要接受社会评价、教育成果要接受社会检验、教育决策要接受社会监督，最大限度地吸引社会资源进入教育领域。政府、学校、社会与管、办、评三者之间，权责边界既清晰又相对、既相互制约又相互支持，由此形成现代教育治理体系，不断提升现代教育治理能力。管、办、评分离的最终目的在于形成管、办、评三个主要体制制度，即依法办学、自主管理、民主监督、社会参与的现代学校制度；政事分开、权责明确、统筹协调、规范有序的教育管理体制；科学、规范、公正的教育评价制度。推进教育管、办、评分离有赖主体自觉和角色的科学分工。政府是教育政策和规划标准等的制定者、教育资源分配者、教育评价监督者，在教育治理模式的构建过程中发挥着导向和建构的作用。政府对教育治理规律和现状的认识与理解，对政府、学校、社会三者之间职能的界定等，将直接影响治理模式的构建及最终形态。推进教育管、办、评分离，首要在于变革管理理念，并切实转变政府职能，改善监管方式，由传统管理走向现代治理。应着力改变原有自上而下高度集权的管理模式，建立利益相关者广泛参与的治理体系；建立并完善高职院校法人制度，落实好法人地位，真正把教育改革发展的任务落实到学校第一线，解放一切对学校不该有的束缚。同时，在学校内部建立起科学合理的制度体系，使学校内部治理机制趋于完善，既能自主又善自律。管、办、评中的"评"不只是强化行政评价，而是在多元评价体系中弱化行政直接评价，突出权威专业机构和社会组织参与评价，既包括社会"评管"，也包括社会"评办"。政府要善于运用有权威的评估结果，加强宏观调控和政策引导。

三、在落实政府"放管服"中彰显大学办学主体性

"放管服"已成为我国政府治理国家和现代社会的重要理念。在高等教育领域落实"放管服"，是对实施管、办、评分离的深化，要求在彰显大学办学主体性或自主性的同时，更强调各级政府工作人员应增强服务意识和能力。政府应与社会、学校合理分权，明确制定分权清单，着力把控好对教育事业发展

起决定作用的重要事项的决策权和调控权。树立"有限政府"理念，把原先越权承担的某些责任转移给学校和社会，进一步深化教育行政审批制度改革，完全取消非行政许可审批；减少对学校办学行为的行政干预，综合运用法律政策、规划、财政拨款、标准、信息服务和必要的行政措施，引导和督促学校规范办学；推行清单管理方式，建立教育行政权力清单和责任清单制度，通过政府公报、政府网站等便于公众知晓的方式，向社会全面公开教育及相关政府部门职能等事项，为公民、法人或者其他组织提供优质服务，让权力在阳光下运行。在有条件的地方和学校开展负面清单管理试点，清单之外的事项学校可自主施行，要尽量缩减负面清单事项的范围，更多采取事中、事后监管方式。出台国家教育标准审定办法，健全教育标准制定和审查机制，提高教育标准的权威性、适切性，形成具有国际视野，富有中国特色的分层、分类教育标准体系。

四、加快改革和完善大学内部治理结构

　　政府放权力度越大，对大学自身的治理结构和治理能力的要求就越高。现代大学制度建设的核心之一就是大学的内部治理结构问题，改革和完善我国大学内部治理结构是完善中国特色现代大学制度的关键。从功能上来讲，大学内部治理结构是要建立一种以共同理想为纽带、以各种权力协调为基础的内部决策结构和垂直治理结构，避免决策权处于高度集中和过度紧张的状态，从而最大限度地释放大学的教育生产力、学术创造力与思想磁场力。从水平的权力结构来看，我国大学内部决策的权力要素包括以党委为领导的政治权力、以校长为首的行政权力、以学术委员会为主的学术权力、以教代会和职代会为主的民主权力；从垂直的治理结构来看，一校一院一基层学术组织是我国大学组织结构的基本选择，从直线型走向扁平化的管理是我国大学院校关系的基本走向。我国大学权力结构总体还处于政治权力、行政权力占主导的局面，学术权力和学生权利在很多大学没有发挥出应有的作用。在简政放权的现实背景下，学校以及学校的二级学院的自主权进一步扩大，但学校与其二级学院的自我约束与

监督机制不够到位。应从调整现行的权力结构着手,建立新的政治权力、行政权力、学术权力和民主权力之间的平衡和谐关系。公办大学在坚持和完善党委领导与校长负责制的基本原则下,应健全议事规则与决策程序,依法落实党委与校长职权;充分发挥学术委员会在学科建设、学术评价、学术发展中的重要作用。在规范政治权力、行政权力的同时尊重学术权力,强化教师参与治理的意识,赋予教师在学术上和校内治理上更多的话语权,探索教授治学的有效途径,充分发挥教授在教学、学术研究和学校管理中的作用;加强教职工代表大会等建设,发挥群众团体的作用。推动大学治理从直线型向扁平化发展、从科层制向事业制的转变,完善大学及其二级学院的自我约束与监督机制。加强大学内二级学院的权力运行监督与约束,尽快建立学校与学院的权力清单制度,完善二级教代会制度,整合和进一步发挥二级学术委员会的作用。

五、推进大学章程建设是健全现代大学制度的基石和标志

依法制定和实施大学章程,是现代大学的基本要素,是建立现代大学制度及落实大学法人地位的标志和基石。在我国,大学章程建设称得上是一项开创性工作。目前,全国本科高职院校章程起草与核准工作已基本完成,公办专科层次高职院校的章程起草与核准也在有序推进,实现一校一章程指日可待。制定一部高质量的章程不易,执行和实施章程更难、更重要。章程的尊严和生命力在于遵行。高职院校章程经过政府核准,成为规范双方权利义务关系的文本依据。高职院校的举办者、主管教育行政部门应当按照政校分开、管办分离的原则,以章程明确界定与学校的关系,明确学校的办学方向与发展原则,落实举办者权利、义务,保障学校的办学自主权。高职院校则应当按照高等教育法的规定,围绕人才培养、科学研究、服务社会、文化传承创新、国际交流合作等任务,通过章程健全学校办学自主权的行使与监督机制,明确学校内部治理结构,包括内部决策机构、行政机构、学术机构的设定,机构间的运作程序,各机构及重要岗位的职责、义务等。在章程执行过程中,要将众多的教育利益

主体包含在执行主体中，对于所涉及执行主体的权责进行详尽的规定，并在此基础上形成明确而协调的大学内部治理结构。激发高职院校组织执行文化的内生力，将来自行政力量的制度规约最终转化为执行文化塑造、推进依法照章治校进程。章程的实施情况，是体现高职院校治理水平和执行力的重要标志。应建立章程实施的评估和监督机制，把章程实施情况纳入对高职院校评估和学校领导考核评价的内容，并通过专项评估、第三方评估等，推进高职院校以章程建设为核心完善制度体系，形成依法依章自主办学的格局。

六、大学校长管理专业化是提升学校治理水平的重要途径

在我国现行高等教育的治理体系中，大学校长是大学组织的法人，既是大学组织与政府、社会联系的重要桥梁，也是党委决策与行政执行的重要纽带；既是党委决策的重要提案者，也是行政执行的组织者；既是行政系统与学术系统交互的重要结合点，也是市场竞争中的参与者。可以说，校长是大学治理中连接各种关系和主体的核心行动者，科学定位大学校长的角色和职能，在很大程度上关系着中国特色现代大学制度的成效。推进校长管理的专业化，是在日益复杂和多元的治理结构体系中充分发挥校长角色和功能的重要途径。如何按照大学书记、校长应成为教育家和政治家的要求选拔和管理大学书记校长？如何有效地提升大学校长的治理能力？都在呼唤推进校长管理的专业化进程。提升大学校长管理水平的专业化，让校长有治校的动力，保障校长应有的权力，促进校长不断提高治校的能力，这需要政府提供有效的制度安排。要让教职工，特别是教授在选拔任用校长时有更多发言权。政府需要转变用人理念，改变简单套用党政干部的方式和思维来任命和管理大学校长，而应该认真思考如何让校长承担起高职院校治理中应有的责任，确保校长有依法依章治校的权力，推动校长不断提升自身治校的能力。应把校长视为一种职业，而不是行政级别色彩很浓重的职务，校长能够形成在一定意义上具有竞争性的职场，更好地为治理绩效负责，并建立起与校长自身的能力、素质和治校绩效相符的薪酬体系。

对于大学校长自身来说，应该充分地认识到，在日益复杂的大学治理中，只有全身心地投入到大学治理中来，把大学治理视为"能专心的事业、有专长的从业、成专门的职业"，不断提升自身的专业化水平，把高职院校治理作为一种具有专业性、学科性和科学性的对象进行研究和实践，在推动大学治理现代化进程中发挥"一校之长"的特殊作用。

七、党的领导是中国特色现代高等教育治理的核心体现

世界一流高等教育的发展过程，既不是发展指标简单的一一对应，又不是对其他国家高等教育体制的简单复制和模仿。中国的独特历史、独特文化、独特国情，决定在中国建设现代高等教育的过程中既要符合高等教育的一般规律，又要走自己的高等教育发展道路，坚持中国特色的办学制度。而中国特色现代大学制度，最核心、最鲜明的体现就是党的领导。众所周知，中国是社会主义国家，中国共产党是社会主义各项事业的领导核心，中国共产党的领导是中国特色社会主义制度的本质体现，加强中国共产党的领导同样是发展中国特色现代高等教育的根本保证。办好中国特色社会主义高等教育，必须坚持以马克思列宁主义、毛泽东思想、邓小平理论、"三个代表"重要思想、科学发展观、习近平新时代中国特色社会主义思想为指导，全面贯彻党的教育方针。高职院校是坚持党的领导的坚强阵地，要在党的领导下，强化思想引领，牢牢把握高职院校意识形态工作的领导权。按照社会主义本质要求，更好地落实立德树人的根本任务，把培育和践行社会主义核心价值观融入教书育人的全过程，培养出全面发展的人才，肩负起培养社会主义事业的建设者和接班人的重大任务。为切实加强党对高职院校领导，经过长期实践探索，我国已找到并确立了适合我国国情、教情的高职院校领导体制，那就是党委领导下的校长负责制。国情和实践已经并将进一步证明：党委领导下的校长负责制，就是我国高职院校的根本领导制度和工作制度，是中国特色现代大学制度的核心，是不断推进高职院校治理体系和治理能力现代化的体制保障。由此，高职院校党委的职责更清

晰：对学校工作实行全面领导，承担管党治党、办学治校主体责任，把方向、管大局、做决策、保落实。同时，要加强高职院校党的基层组织建设，发挥好院系党组织的政治核心作用，创新基层党建的结构和功能，改进工作机制和方式，提高做思想政治工作的能力，使每个师生党员做到在党言党、在党为党，保证监督党的路线方针政策及上级党组织决定贯彻落实。坚持和加强党的领导，就得从严治党，不断完善党对高职院校领导的体制机制，切实提高党领导高职院校改革发展的能力和水平。

第六章 高等职业教育的专业人才培养模式

第一节 高等职业教育培养目标的定位

高职教育发展到今天,其培养目标已经调整到以培养"高端技能型人才"为主要任务。由于对"高端技能型人才"没有提出明确的要求和标准,导致人们理解上出现一些差异,直接影响着人才培养方案的制订和人才专业技能培养的定位。本书通过对国家有关文件的解读,结合自己的工作经验和体会,对"高端技能型人才"的准确定位进行了分析。

教育部《关于推进高等职业教育改革创新 引领职业教育科学发展的若干意见》中指出:高等职业教育具有高等教育和职业教育双重属性,以培养生产、建设、服务、管理第一线的高端技能型专门人才为主要任务。对高等职业教育的培养目标提出了明确的要求,就是培养"高端技能型专门人才"。

可是,何谓"高端技能型人才"?标准是什么?"高端技能型人才"又该具备什么样的特征?这些问题,由于没有评价标准,人们的理解上有差异,导致对"高端技能型人才"的定位模糊、不准确。对"高端技能型专门人才"理解不准确,主要有以下五种表现。

(1)技能培养过程不连贯,"虎头蛇尾"或"有头无尾"。许多技能的培养刚刚入门,就戛然而止了,根本不可能达到"高"的要求;

(2)培养方案没有一条清晰的"主线",罗列了"一堆"技能,看不出该专业的技能培养重点在哪里,不知道该专业的毕业生到底能干什么,感觉就是学了很多技能,每种技能都学了一点。这势必造成学生什么都会一点,实际上什么也不会做的状况,在一些学科交叉的专业尤其明显;

（3）实践教学滥竽充数，有的纯粹是为了凑实践教学课时数；顶岗实习与所学专业技能脱节，理论与实践教学"两张皮"，实践教学不能达到为技能提高服务的目的；

（4）课程体系中，以素质培养为借口，加大基础课、基础理论课比重，甚至还有"压缩饼干"现象，实则有掩盖师资力量不足之嫌疑；

（5）校企合作停滞于表面，真正深度融合的能为学生提供对口岗位实习的企业少之又少。导致打着顶岗实习的幌子，干着与专业技能无关的事情，或者干脆放任自流。

回顾高等职业教育发展历程，由于相关政策不到位等原因，有些问题一直没有处理好，比如校企合作、"双师型"教师。在培养方案具体的实施过程中，口号喊得多，实际做得少；表面数据漂亮，实际结果相去甚远。例如，决定培养目标的关键因素"双师型"教师，经过多年来的评估和建设，各个学校"双师型"教师比例都已基本"达标"，教师基本主动或被动地贴上了"双师型"教师的标签。可实际上，直到今天，影响各项教学改革进程的最大困难还是缺少"双师型"教师，分管教学的院长（系主任），最头疼、感慨最多的还是缺少"真正能干活"的教师。尽管这些问题有各种各样的原因和困难，但这些因素，都影响着人才培养方案的实施效果。

针对以上情况，笔者认为问题的关键就是对"高端技能型人才"没有明确的评价标准，特别是技能应该达到的层次和等级。

一、什么是"高端技能型人才"

"高端技能型人才"就是把技能型人才进行了分类，分成了高、中、低的不同层次，不同层次的技能型人才有不同层次的职业学校培养，但不能按学校的层次来分类人才的技能等级。分类的标准当然是技能的高低，但技能的高低应该有明确的标准。用围棋举例说明一下。大家都知道，专业围棋选手按棋力大小分为1—9段共九个等级，我们可以把1—3段定为初级棋手、4—6段定为中级棋手、7—9段定为高级棋手。有了这个标准，棋手分类就很容易且明确，只要棋力达到7段水平就是高级棋手。那么技能型人才如果按照技能高低进行分类，就应该找到这样的一条标准，达到了这条标准就是"高端技能型人才"，有了标准，才能定位准确，才能制定出合理高效的人才培养方案。

当然，人除了具有自然属性外，还具有社会属性。人是有思想、有灵魂的生命体，不是机器人。人要与社会上其他的人和物发生各种关系。这些关系也决定着个体的发展。鲁迅曾经说过，人的本性，一要生存，二要温饱，三要发展。① 人在社会上不仅要有解决生存和温饱的劳动技能，还要有处理各种关系的方法和技巧，其表现就是通常所说的人的素质。高等职业教育具有高等教育的属性，当然不能仅仅是传授专业技能，还有相当重要的教育共性的东西，就是对人的道德、理想、素质的培养。在高等职业教育中，技能培养和素质培养在教学活动中所占的比重如何合理分配？这也是现代专家、学者争论的热点。

综合起来，"高端技能型专门人才"就是素质和技能都达到了规定的高标准的人。

二、"高端技能型人才"素质培养和标准

素质包含的内容太多了，如道德素质、人文素质、心理素质、职业道德等。要说给素质定义一个高低标准，有点痴人说梦。已故著名教育家、国学大师季羡林先生在80多岁高龄谈道德问题时，根据自己一生跌宕起伏的命运做了如下总结："自己生存，也让别的人和动植物生存，这就是善。只考虑自己生存，不考虑别人生存，这就是恶。要一个人不为自己的生存考虑是不可能的，是违反人性的。只要能做到既考虑自己也考虑别人，这一个人就算及格了，考虑别人的百分比愈高，则这个人的道德水平也就愈高。"② 总结得十分到位，有道德的人就是心中有别人的人，就是为人处世能考虑别人生存和感受的人。

总而言之，学生的道德、素质教育必须联系实际，不能"闭门论道"。道

---

① 鲁迅. 鲁迅论人生 [M]. 北京：人民文学出版社，2013.
② 季羡林著. 一花一世界：跟季羡林品味生活禅 [M]. 重庆：重庆出版社，2012.

德、素质养成是一个漫长的过程，是在日常生活实践中慢慢积累起来的，学校教育只是起一种引导作用，生存的环境起着举足轻重的作用。生存环境是道德、素质生成的土壤，土壤变质，不管耕种者如何挥洒汗水努力培育，都恐怕难有好的收成。培育与土壤改良相辅相成，不可偏废。

高素质怎么体现？高职院校对学生的道德及素质培养该如何做呢？我们知道，道德、素质的高低最终是要通过其行为来判断的，就是通过他与社会其他人、与大自然相处的过程中所表现出来的行为来评判其道德、素质的高低。而一个人的行为是受道德和法律约束的，两者都不是万能的。法治社会更应推崇法律的约束，一切以法律为准绳，法律就是标准。尽管遵纪守法的人未必都是有道德高素质的人，但是有道德高素质的人首先必须是遵纪守法的人。

笔者认为，法律素质应该作为高等职业院校素质培养的重要内容。不是开设几十个学时的法律基础，不是在课堂上枯燥无味、连篇累牍地给学生讲解什么法律条文。应该通过大量的社会实际案例进行讲解，类似于中央电视台《社会与法》的节目形式，让学生从真实的社会案例中去学习法律，知道什么事情能做，什么事情不能做，知道如何保护自己的权利，知道自己该尽什么义务。尤其重要的一点，通过这种方式，不仅能让学生学法懂法，而且能为学生开启一扇非常好的、了解社会的窗口，更有利于培养学生适应社会、融入社会的能力。

通过上述分析，大学培养出来的学生，只有遵纪守法、自食其力，才能符合素质培养标准。

三、"高端技能型人才"技能培养标准

1. 高技能人才不是专业技术人才

《国家中长期人才发展规划纲要（2010—2020年）》（2010年）将我国人才分为六大类：党政人才、企业经营管理人才、专业技术人才、高技能人才、农村实用人才与社会工作人才，并且明确了这六类人才的发展目标、发展的主要举措。在《国家中长期人才发展规划纲要（2010—2020年）》中，将高技能

人才作为单独的一大类与专业技术人才并列，而且对高技能人才队伍的发展目标和发展的主要举措做出了如下说明。

发展目标：适应走新型工业化道路和产业结构优化升级的要求，以提升职业素质和职业技能为核心，以技师和高级技师为重点，形成一支门类齐全、技艺精湛的高技能人才队伍。

主要举措：完善以企业为主体、职业院校为基础，学校教育与企业培养紧密联系、政府推动与社会支持相结合的高技能人才培养培训体系。加强职业培训，统筹职业教育发展，整合利用现有各类职业教育培训资源，依托大型骨干企业（集团）、重点职业院校和培训机构，建设一批示范性国家级高技能人才培养基地和公共实训基地。改革职业教育办学模式，大力推行校企合作、工学结合和顶岗实习。加强职业教育"双师型"教师队伍建设。在职业教育中推行学历证书和职业资格证书"双证书"制度。制定高技能人才与工程技术人才职业发展贯通办法。

专业技术人才与高技能人才是不同的两类人才。这两类人才容易混淆，有交叉的地方，其培养的方式和方法不同。厘清这两类人才的关系，对人才培养方案的制订非常有帮助。正确理解这两类人才的关系可以通过制造企业的生产流程来理解，高技能人才就是一线上的高级技术工人，他要做的工作就是把专业技术人员的"设计"（多表现为图纸）转化为实实在在的"物"的过程，并且能解决这一过程中遇到的诸如工艺上的或其他方面的技术上的难题，他的高技能体现在"做"的过程和"做"的效果，要求其有高超的动手能力。

随着社会的发展，培养目标也不断地进行着调整，经历了"高等应用型专门人才""高等技术应用型专门人才""高技能人才""高素质技能型人才"到现在的"高端技能型人才"的调整过程。实现了从"技术应用型"向"高端技能型"的转变。职业教育发展的初、中期，由于师资、设备等的不足，出现过高等职业教育课程体系就是普通本科教育"压缩饼干"的情况，这也与当时的培养目标有直接的关系。但是，高等职业教育发展到今天，在以培养高技能人才为主要任务的要求下，我们却还能在某些院校的专业人才培养方案中看到类似情况，这与现行的培养目标是相悖的。究其原因，不仅仅是认识和理解上的问题，可能更多是受到自身条件的限制或某些约束。某些院校存在课程体系不是以培养目标的养成规律来设计，而是根据自身的师资和实训条件来安排的现象；有一些院校无法安排的教学内容，比如顶岗实习，由于校企合作不到位，有的打着顶岗实习的名义，把学生统一安排到类似于劳动力市场的中介公司去，让他们给安排所谓的"顶岗实习"；更有些院校，干脆就把学生"放羊"了，名义上让学生自己找岗位实习，其实际上就是放任自流了。诸如此类的现象都影响着人才质量的培养，影响着学生专业技能的定位。

2. 高技能人才的特征

查阅相关资料，对高技能人才的定义都是以原来劳动部制定的工人技术等级来评判的，口径几乎一致。根据《中华人民共和国职业分类大典》，高技能人才是指在生产、运输和服务等领域岗位一线，熟练掌握专门知识和技术，具备精湛的操作技能，并在工作实践中能够解决关键技术和工艺的操作性难题的人员。主要包括技能劳动者中取得技师和高级技师职业资格及相应职级的人员。对高技能人才的特征描述主要一条就是要有高超的动手能力。但是动手能力怎么理解？对"操作型"的技能人才，这很好理解（比如前面以制造企业举的例子）。以往每每提到"技能""精通一技"等词语时，人们首先理解的就是操作技能。其实，随着社会发展，许多新兴的产业和职业不断出现，对高技能人才的"动手能力"不能仅从字面上去理解，有些高技能人才纯粹属于脑力劳动，比如软件开发工程师、广告影视行业的设计师等；有的专业，高技能人才的特征需要通过操作来体现，如各种精密设备的操作专业等；有的专业高技能特征并不是通过精湛的动手技能来体现的。在制订人才培养方案时，不能为"动手"而"动手"，如有的专业所建立的"×××实验室""×××工厂"就有点不合适，其目的可能是为了培养学生的"动手能力"，可是这些"实验室"和"工厂"的定位与高职教育的高技能目标有差距。

何谓"高超的动手能力"呢？有一些职业和岗位，动手能力就是熟练使用劳动工具的技能。以精密加工为例，对一些精度要求非常高的零部件加工，利用同样的加工工具，有些人就是无法加工到要求的精度，有些人能够达到要求，这就是熟练使用劳动工具的技能和技巧。笔者以为，只是要求熟练使用劳动工具的职业和岗位更适合中等职业学校培养。但是，有些岗位的"高超的动手能力"并不是要求熟练使用劳动工具，而是要求你能解决实际问题。所以，有些岗位的"动手能力"，就是指亲自解决问题的能力，这种能力包括知识和经验。另外，在很多培养方案的课程体系中，能发现许多技能的培养仅仅是放在怎样使用工具的训练上。比如许多设计类的技能（广告设计、电脑艺术设计等），它是集创造力、专业知识和操作为一体的综合性技能，其最终的成果是设计者将自己的理念以合适的表现形式渗透于作品中，以画面、视频或其他形式呈现于观众面前，给观众某种信息引导或美感。

"动手能力"不仅仅是做的动作，更重要的是知道如何做，做的过程是对自己思考的结果进行验证的过程；"高超的动手能力"就是有做的丰富经验，问题找得准，问题解决得好。所以"动手能力"应理解为运用自己的知识和经验完成一项"任务"的能力。这其中经验起很大作用，见多识广，自然办法也就多，能力也就越强。

只有正确理解专业高技能人才的特征，准确理解本专业"高超、精湛的动手能力"的要求，才能制订出更加合理的培养方案，更加有利于专业技能的定位。

四、高等职业教育培养目标的定位

技能是分层次的，同是高端也分不同的层次，那些技能达到顶级水平的专家级的技能人才，需要有十分丰富的经验。这种级别的高技能人才不是学校能培养出来的，是在生产劳动过程中钻研、磨炼出来的，其本质内涵是技能的高熟练程度，丰富的经验，以及较强的问题解决能力。三年制的高职教育不可能使学生达到这种程度。那么，高等职业教育培养的"高端技能型人才"，要求学生的技能达到什么程度呢？有什么具体的判断标准？也就是说，学生的技能达到什么程度就算"高端技能型人才"？诚然，我们希望培养的学生技能越高越好，但是我们也知道通过短短几年的学校培养是不可能的，所以要解决的问题就是我们的培养目标对学生的技能要求定位。其实，国家有关文件已经给出了答案。高等职业教育（专科层次）培养的"高端技能型人才"，其技能要求就是必须达到国家职业资格三级或预备技师（比三级高，但不到二级）标准。

第二节　高等职业教育人才培养模式的问题与改革

高职人才培养模式主要由培养目标、专业设置、课程设计、教学方法、师资队伍、教学评价等部分构成。人才培养模式直接关系到高职教育人才培养的规格和质量，本书结合目前我国高等职业教育人才培养模式存在的问题和其发展趋势，拟从教育思想理念、培养目标、专业设置、课程体系、师资建设、职业资格证书认证、普教体系衔接等各个方面提出相关改革策略。

高职人才培养模式的建构是高职教育发展的基本问题，关系到高职教育的转型发展、特色建构和创新成效，是建立在一般人才培养模式的基础上，又融入了高职人才培养的属性，并在一定的教育思想指导下，为实现培养生产、服务和管理第一线需要的高级技术应用型人才这一目标而采取的人才培养活动的组织样式和运行方式。其基本构成主要包括培养目标、专业设置、课程设计、教学方法、师资队伍、教学评价等要素。人才培养模式直接关系到高职教育人才培养的规格和质量，进而影响区域经济发展的水平和质量。

随着国家现代化建设的不断深入，社会对高技能高素质人才的需求也急剧增加，这无疑为高等职业教育的发展提供了良好的机遇。近年来，我国的高等职业教育办学规模不断扩大，职业人才培养方面取得了一定成绩，初步彰显高职教育的特征。由于我国幅员辽阔，地区差异较大，高职人才培养模式方面仍存在诸多问题，如教育理念滞后、培养目标定位不明确、专业设置缺乏特色、师资队伍结构欠合理等。因此，在看到高等职业教育发展所取得成就的同时，也必须清醒地认识发展过程中的不足之处，为此我们必须进行不断地探索与改革。

一、我国高等职业教育人才培养模式存在的主要问题

（一）教育理念滞后，偏离了社会实际需求

正确的教育理念是高等职业教育保持旺盛生命力的源泉，教育理念的正确与否将直接关系教学模式的科学性。高等职业教育与普通高等教育相比，前者与社会的经济发展和科技进步联系更为密切，高等职业教育必须根据社会市场经济发展要求，在正确教育理念的指引下，明确自身使命，为区域经济发展提供高素质人才。但目前，高职院校的教育理念未得到完全转变，传统教育理念残留严重，如注重专业知识传授，忽视学生全面发展；重视岗位技能培养，忽视创新能力培养等。传统教育理念滞后不前，未得以显著更新与转变，致使高等职业教育培养出的毕业生质量与社会实际需求有所偏差，企业满意度不高，不利于学生职业生涯的可持续发展。

（二）培养目标定位模糊，认识存在偏差

高等职业教育的根本任务在于培养高素质的技术应用型人才。2014年11月召开的全国职业院校管理经验现场交流会上，教育部副部长鲁昕指出，职业院校要准确定位人才培养目标，不仅要重视技术技能培养，更要注重文化素养、职业精神养成等，着眼于学生的全面发展。但目前，无论是高职院校还是社会对高职教育人才培养目标的认识皆存在一定偏差。学校方面，对人才培养目标定位模糊，忽视高职教育人才培养目标的特殊性，教学实施过程、课程设计、教学内容等均偏离社会实际需求；家长方面更是不了解高职教育人才培养目标的意义，对高职教育存在不同程度的偏见和歧视，且此种现象在社会各领域中广泛存在，普遍认为职业教育是学生高考失利后的无奈之举，教育层级上低于普通高等教育。

（三）专业建设参差不齐，与市场需求脱节

专业设置在高等职业教育发展中起着关键作用，它不仅是高等职业教育人才培养的重要载体，也是社会需求的直接反映。随着社会技术进步和产业转型

升级，高职院校应及时调整各院系专业布局情况。但目前，我国某些高职院校的专业设置存在诸多问题。首先，专业设置与区域经济发展不相适应，相关专业开设点参差不齐。

（四）课程体系不够合理，实践教学环节缺失

课程体系是高职院校培养目标和专业建设的基本载体，合理的课程设置有助于专业建设的顺利开展，也有利于培养目标的成功实现。目前我国高职教育课程设置的主要问题表现在课程体系中教学比例失调，实践教学环节缺失。《教育部关于全面提高高等教育质量的若干意见》（2012年）明确指出："提高实验、实习实训、实践和毕业设计（论文）质量。"实践教学是高等职业教育的重要环节，但由于传统学科教育的影响和束缚，目前的高职课程设置基本沿用"基础课—专业基础课—专业课"的模式，实际上与传统的学科体系差异不大，未能体现职校特色。实践教学环节缺失现象严重，多数院校的实践教学比例普遍不足总学时的1/3，技能培养的实用性与针对性不够突出，课程体系欠合理。此外，职校缺乏与企业的充分沟通，行业新技术和新知识无法很好地补充到现有课程体系中，教学内容陈旧滞后，课程体系未得到及时更新与调整，这些都严重影响了高职院校人才培养的质量。

（五）师资队伍结构欠合理，缺乏双师型教师

教师是人才培养的关键因素，教师的能力与素质直接影响人才培养的质量。高职教育的特点对教师素质提出了更高的要求，不仅要具备丰富的理论知识，还必须具备熟练的操作技能，即"双师型"教师。通过调查发现高职院校"双师型"教师队伍结构中存有诸多欠合理的地方。从总体数量上来看，"双师型"教师普遍短缺；从年龄结构来看，教师队伍中30岁以下的年轻教师占多数，教学经验丰富和能担当科研重任的骨干教师缺乏；从来源渠道来看，高校毕业后直接任教的年轻教师占较大比例，缺少实践操作经验丰富的技能型教师；从学历和职称结构来看，教师的学历层次整体偏低，初、中级职称教师较多，高级职称比例较少。这些现象严重制约了高职人才培养教育的发展前景。

（六）评价方式单一，缺乏行业参与

目前我国对高职院校人才培养质量的评估依然是以各级教育行政主管部门的专项检查和同行互评为主。虽然这在某种程度上能反映高职院校的人才培养水平，但这种评估方式主体单一，带有一定弊端，如重视学生考试成绩，轻视学习过程评价；侧重结果性评价，忽视形成性评价；注重教师教学成果评价，忽视教师综合素质评价。加之评估结果对院校排名次序有所影响，有些高职院校甚至制造虚假数据以片面追求评估结果，产生一定负面影响。此外，缺乏行业参与评估，高职院校无法有效得到企业对人才质量和规格的反馈及要求，从而无法及时改进教学，不利于教学质量的有效提升。

二、我国高等职业教育人才培养模式的发展趋势

（一）高等职业教育办学主体的多元化

国务院发布的《国家职业教育改革实施方案》（2019年）中提出："深化职业教育办学体制改革，形成政府主导、依靠企业、充分发挥行业作用、社会力量积极参与的多元化办学格局。"《国家职业教育改革实施方案》明确了我国高等职业教育办学体制改革的重要方向。目前，在市场经济规律和国家有关政策的支持下，社会各界力量逐渐投身职业教育发展事业。随着社会、企业和个人资本多元投入的增加，股份制办学、民办私立、中外合资等办学模式日趋繁荣。我国高等职业教育已逐步形成了以政府主导、行业引领、社会各界积极参与的多元化办学格局。

（二）高等职业教育人才培养对象的多样化

随着终身教育理念日渐深入及学习化时代的到来，我国的高等职业教育已发展成为包括职前、在职和职后各个阶段培训与教育在内的职教体系，逐渐改变了传统意义上所认为的"职前准备教育"这种狭隘的认知。接受教育尤其是高等教育不再是适龄学生的专利，任何年龄和职业的人员都需要接受相应形式的培训与教育，如"学历教育""就业教育""休闲教育""终身教育"等。

不同类型的市场教育需求日趋渐长，社会对高等职业教育的需求呈多样化的发展趋势。目前，我国的高等职业教育不断扩大人才培养对象，面向社会各界提供多种教育培训服务，不但为高职学生提供理论和实践教学，而且为中职毕业生提供继续教育服务；不仅为广大在职员工提供岗位培训和进修，还为转岗或下岗人员提供各种短期的教育培训。

（三）高等职业教育培养目标的长远化

职业资格证书是劳动者具备从事某种职业所必需的技能和水平的直接反映。在我国，职业教育实行学历证书和职业资格证书"两种证书制度"，两个系列层次分明，但缺少联系，且学历证书的社会认可程度远高于职业资格证书。在国外，职业资格证书与普通高等教育学历文凭具有等值等效关系，二者可以相互转换，比如英国的国家职业资格证书（NVQ4）大体相当于学士学位。建立职业资格证书与普通高等教育毕业证书等值制度将成为下一步职教改革的重要举措，应首先改革我国现有的职业技术资格认证现状，可借鉴发达国家经验，完善以行业为主导的职业资格框架体系，发挥行业协会在职业资格认证方面的主导地位；建立客观公正的第三方考核机制，以提高职业资格证书技术含金量；政府方面也要制定相关有力措施，推进职业资格证书与学历证书相互转换，以促进职业教育考评机制良性发展。

（四）高等职业教育专业设置的市场化

各地和高校设置高职专业应紧密围绕经济社会和产业发展实际需求，重点发展与学校办学定位和特色相一致的专业。高等职业教育专业设置应注重市场导向，突出强调学校主体责任，进一步落实和扩大了高职院校专业设置和调整自主权。实际情况中，各地高校纷纷根据学校自身的办学实际和区域产业发展情况设置专业，重视资源配置和专业结构优化，专业盲从设置和重复建设的状况逐步得到改善，市场导向趋势更加明显。

（五）高等职业教育教学方法的实践化

高等职业教育培养的是高素质技能型人才，要求具有较强的动手能力和实践操作能力，这是高等职业教育的显著特征。近年来，在国外高等职业教育模式的不断影响和我国本土化职业教育的不断探索下，许多高职院校深刻认识到实践性教学对于高职人才培养的重要性，开始摆脱传统学科本位的教学模式，注重采用情境教学、任务教学、项目教学等方法进行授课，并加大对实训室的利用效率，以摒弃传统灌输式的教学方式，初步彰显了职业教育特色。且大多数高职院校在规制教学计划时都能有意识地增加实践教学环节所占比例，授课教师也大多遵循职业教育规律采取合适的教学方法，整体教学过程及教学方法实践化特点明显，着重体现了职业院校重视学生实践能力的培养和提高。

三、我国高等职业教育人才培养模式改革的策略

（一）教育理念上突出"以人为本"

以人为本，是高等职业教育人才培养模式改革必须遵循的基本原则。要求尊重学生的个体差异性、因材施教，允许学生充分发挥自己的特色和潜能，以促进人的全面发展。教师应认真扮演学生学习过程中引导者的角色，负责答疑解惑、组织和管理教学活动使之顺利开展；学生成为学习活动的中心，负责自己的整个学习过程。教学过程中应着重培养学生制订自身学习计划、规划职业生涯等自我学习意识。重视每位学生的全面发展，充分突出"以人为本"应成为现代高等职业教育发展必须遵循的基本教育理念之一。

（二）培养目标注重以职业能力为本位

清晰合理的培养目标对于高等职业教育人才培养模式的改革起着举足轻重的作用。在《教育部关于以就业为导向深化高等职业教育改革的若干意见》（2004年）中明确提出"加大人才培养模式的改革力度，坚持培养第一线需要的实践技能强、具有良好职业道德的高技能人才。"这里的"高技能人才"并非简单指拥有熟练的操作技能和良好职业道德，还需要具备面向自我、面向未来，能灵活适应各种不同工作岗位的创新能力、终身学习能力、迁移能力等在内的职业关键能力。因此，高职教育的人才培养目标应注重以职业能力为本位，高职教育毕业生必须具备较强的职业能力才能灵活适应职场工作的不断变化。

（三）专业设置以市场需求为导向

专业设置是高职教育主动适应社会需求的重要环节，更是高职人才培养模式改革的关键。首先高职院校应积极认真开展地区市场调研，了解区域新旧产业更替和岗位变化的具体情况，掌握新兴行业对专业人才需求的详细标准，以制定出翔实的专业设置可行性报告。同时积极邀请企业优秀工作人员参加专业开设决议，广泛听取建议，并确立能够保障开设本专业可持续发展的规划和相关制度。此外，专业设置应注意宽窄并举，把握好各个专业所对应岗位群覆盖面的大小，避免高职院校人才培养与市场供求不平衡。总之，高职院校的专业设置要在符合社会发展总形势的前提下，更要主动适应区域经济发展和产业结构升级的调整要求。

（四）课程体系向综合化和模块化发展

课程体系改革是提高教学质量的关键环节，也是高职人才培养模式改革的重点和难点。传统的高职课程体系注重知识灌输，学科体系色彩浓厚，总体比较单一化。新形势下，高职教育必须改革传统课程体系，使其向综合化和模块化转变。可大力推行"宽基础，活模块"课程模式，该课程模式灵活性强且具备较强针对性，将专业课程体系分为两种。一种是该专业相关职业所必备的基础知识和技能为主的"宽基础"部分；另一种是针对特定岗位所需的知识和技能学习的"活模块"部分。这种课程设计模式可以很好地满足各行业对综合技能型人才的多样化需求，利于培养学生对于不同职业、岗位的转换和适应能力，提高学生的工作适应力和就业竞争力。

（五）师资队伍建设向"双师型"发展

培养目标在高等职业教育人才培养模式运行中具有重要的引领作用，关系着各大高职院校的生存与发展。自20世纪90年代至今，我国高等职业教育的人才培养目标发生了一系列的转变，首先由最初的培养技术型人才转变为培养综合型技能人才；如今随着经济全球化的加快，高等职业教育的培养目标又提升为培养"高素质技能型人才"。由此可知高职教育的人才培养目标随着国民经济的发展不断发生变动，其内涵更加丰富，同时也更为科学化和长远化。目前，强调以人为本，重视学生创新能力及迁移能力培养，注重终身教育和学生全面发展的教育理念逐渐引起广大高职院校重视，成为进一步落实高职人才培养工作的共识，有利于高职院校培养的毕业生快速适应21世纪新形势的变化和学生职业生涯的可持续发展。

（六）建立职业资格证书与普通学历证书等值制度

"双师型"教师队伍是高职人才培养质量的重要保障，鉴于目前高职院校师资配备诸多欠合理的地方，优化师资结构，积极补充"双师型"教师数量是师资工作的重中之重。一方面学校应当狠抓教师培训，强化对高职教师的实践训练，定期安排在职教师到生产第一线进行专业培训，使之尽快向"双师型"教师转变；另一方面完善聘任制度，提高教师待遇，加快落实高职专任教师的入职标准和职称评审标准。此外，高职院校还应积极吸纳企业中具有丰富实践经验的高级技术人员担任学院兼职教师，逐步扩大兼职教师比例。同时制定相关举措，实施有针对性的激励奖惩制度，激发教师动力以吸引更多优秀人才加入高职教师队伍中来。规范管理兼职教师和学院专任"双师型"教师队伍，使之有序运作，便于学生接触到最新的技术前沿和科技动态，整体提升高职院校师资质量。

（七）适当发展本科以上层次的高职教育

经济产业结构的升级发展致使劳动技术结构不断上移，各国职业教育开始呈现高移化的趋势，一些国家相继建立了4年制的本科高等职业教育。因此，高等职业教育从专科层次向本科层次发展，必将成为新形势下国际职业教育的发展走向，适当开展本科以上层次的高等职业教育是我国高职教育适应国际职教结构高移化的重要举措。总结一些优秀试点院校的案例经验可知，主要有以下途径：一是将部分行业特点鲜明的本科院校改制，转变办学方向，走应用型本科高职教育之路；二是选择办学效益突出的国家示范性高职院校升格举办本科层级的高职教育，通过允许优秀的高职院校升格为本科，还可对其他院校形成激励和示范效应；三是部分普通本科大学通过成立应用技术学院来举办高职本科教育。总之，不同的途径具有各自的优势和不足，各大院校应根据本地或本校实际进行不同路径的试点探索。

（八）构建职教与普教衔接的终身教育体系

职业教育与普通教育的融合发展是当今世界教育发展的趋势之一，也是高职教育适应现代化发展的必然走向。长期以来，我国的职业教育与普通教育是两个完全无联系的系统；而一些国家纷纷出台措施，给予职业教育和普通教育同等地位。顺应国际人才市场的需求变化形势，我国也应该紧跟国际教育发展节奏，努力促使职业教育与普通教育更好地衔接与沟通，加快毕业生在职业教育与普通教育之间的横向和垂直流动。同时，注重职业教育终身教育体系的构建，积极开拓职业培训市场，提供形式多样的职业教育与培训机会，以满足不同年龄、性别和职业的个体在转岗和再就业培训方面的需求，逐渐打破职业教育作为终结性教育的局面。

第三节　高等职业教育人才培养模式的比较与启示

职业教育人才培养模式决定了人才培养的质量及方式方法，目前几种比较典型的人才培养模式包括"双元制""三明治""合作教育""订单式""校企合作、工学结合"，这五种人才培养模式各有特点。根据这些特点，我国职业教育可以探索多元化的人才培养模式、出台政策、鼓励校企深度合作、建立有中国特色的人才培养模式、积极拓宽经费来源等来进一步完善现有人才培养模式。

职业教育人才培养模式，是指在职业教育理念、思想、主张的指导下，形成以培养生产、服务和管理一线的高级技能型人才为目标，涵盖了相对稳定的人才培养方案、课程体系、教学方式、实践教学条件、运行机制、质量保障体系以及非教学培养途径等实施人才培养的过程的总和。不同的人才培养模式侧重点不同，比较目前几种典型的职业教育人才培养模式，作为我国建立更加完善的人才培养模式的理论参考。

一、"双元制"人才培养模式

德国职业教育的最主要人才培养模式是"双元制"，所谓"双元"是指参加工作的人员必须经过两个场所的培训，具体人才培养的"一元"是指学生在企业进行专业的职业技能培训；而另"一元"是学生在职业学校接受与职业有关的专业知识教育。这种"双元制"表现在有两种不同的教材，两类不同的师资，学生同时具有学徒和学生的双重身份。"双元制"人才培养模式的关键在于有国家立法的支持，可以最大限度地利用企业和学校的条件和优势，是一种校企紧密合作、以企业为主的办学制度和人才培养模式。"双元制"使得德国职业教育蜚声国际。

企业参与到学生招生、培训再到就业的全过程，企业掌握培训计划、培训方式、培训数目，并且很多大企业都拥有自己的培训基地和人员。企业之所以能深度参与人才培养，主要依靠法律上的保障，企业在职业教育上承担着重要的责任。

"双元制"职业教育体系中，企业在职业教育中处于强势的地位，原因在于"双元制"依赖企业投入大量培训资金。在经济发展状况良好的情况下，企业把职业教育的投入作为是培养和储存人力资源的手段；但当在经济不景气，甚至出现经济危机、金融风暴的时候，企业会降低对"双元制"职业教育的投入，减少培训岗位与培训设施，导致"双元制"经济链条断裂。此外，要把一种新行业的培训纳入"双元制"职业教育体系，校企双方要确定培训与教学内容，并就学徒工的工资等费用进行谈判最后还要立法机关讨论通过。这个过程复杂且漫长，显然跟不上社会发展及科技的进步。不仅如此，"双元制"过分强调对特定专业的"熟练"程度，培训工种单一，不利于劳动者的职业转换和迁移。

二、"三明治"人才培养模式

英国"三明治"人才培养模式是指学生分阶段在企业工作和在校学习，具体形式各学校存在一定差异，包括：接受学校教育和工作训练交替进行，时间各为半年；两年接受工作训练，两年接受正式学校教育；第二年或第三年到企业实习；学生先在企业工作一年，再回到学校完成两年课程，接着再到企业实践一年。企业定期会向学校公布拟聘用岗位情况，学生工作的情况；学校则设立专门的部门推荐和落实学生的实习工作。如果学生没有找到合适的企业完成实习，那么该生就不能毕业。

工读交替的"三明治"人才培养模式将职业教育与技术培训融为一体，根据社会发展变化不断对课程或专业设置进行动态调整，保证了学生对社会、经济及市场变化的适应。一般说来，学生的工作实习部门和实习岗位由企业招聘以及学校推荐共同完成。学生实习期间既可以获得企业报酬，又能使学生轻松就业。学生不仅获得了工作范围内技术，学会了与同事、经理、客户协作相处技巧，还学会了知识应用与转换。

英国的"三明治"人才培养模式是随着19世纪英国职业技术教育的发展而逐渐形成的，但这种制度缺乏法律的保障和专门部门的管理，企业与学校之间合作关系较为松散，易受外部因素的制约，影响人才培养的效果。

三、"合作教育"的人才培养模式

美国辛辛那提大学的教授赫尔曼·施奈德于1906年首次提出这样的教育计划：一些专业的学生，一年有三个月的时间要到与自己专业对口的企业去实习，以获得未来岗位所需的知识，这种将工作实践与课堂教学相结合的教育方式称为"合作教育"。① 在实践中"合作教育"不断地充实和完善，同时，这一教育模式也随着1983年世界合作教育协会的成立，获得了世界各国的认可。

---
① （美）科克·施奈德. 过与不及——理解我们的矛盾本质[M]. 高剑婷，吴垠译. 合肥：安徽人民出版社，2015.

美国的"合作教育"人才培养模式无论机构还是在立法都有保证,具有强大的生命力。在组织机构方面,设有全国性的专门机构,管理产学合作教育项目,高校也设有专职部门做相关协调工作;在立法方面,美国国会通过了《1965年高等教育法案》,确定了独立的资助和援助的法律条文,使产学合作经费投入有了法律保证。此外,政府还采取多种的鼓励政策,如减免税收、低息贷款、创办科技园区、设立专项产学合作基金等,以此加强政府对合作教育的支持力度。

经济萎缩会导致来自政府和企业合作教育经费的减少,提供给学生的就业岗位也会减少。此外,合作教育与实习区别不大,没有其突出的特点,这也是目前美国合作教育发展壮大的一个很大制约。

四、"订单式"人才培养模式

"订单式"人才培养模式是指职业院校与企业根据岗位的需求签订用人协议,学校主动按照企业特定岗位对某些技能的特殊要求,来开设专业、安排课程、确定教学内容、选择教学方法,并按照协议约定安排达到条件的学生在本企业就业的人才培养模式。"订单式"人才培养模式建立的基础是学校、企业和学生三方主体在主观意愿上的一致性。

"订单式"人才培养模式最突出的优点,就是解决职业院校的学生就业问题,是职业院校毕业生实现就业的一条出路。职业院校毕业生在"订单式"人才模式的培养下,通过学校和企业有目的的技能强化培训,能够立刻胜任现有工作,企业无需再进行岗前培训,节约了企业培训的成本,满足了企业用人需求,也使职业院校毕业生掌握了一技之长,同时也实现了顺利就业。

企业的用人计划会随着市场变化不断调整,培养订单在时间、数量和来源上不确定,这与学校原有的相对稳定的课程教学计划有很大差异,一旦订单培养企业经营不善、破产、金融危机、企业主要负责人员变更等,都可能影响学生的培养。而且有的企业只进行一次性订单合作,这必然会对已按订单式培设计的课程、教学计划、师资等资源造成浪费，因为无法循环利用，只能一次性使用。此外，"订单式"人才培养模式并不适合所有专业，如单个企业对某个专业实习生的需求量只有几个，就无法实行"订单式"培养，这也使得"订单式"人才培养模式很难成为职业教育的主导模式。更为重要的是，"订单式"人才培养的课程设置、技能训练主要围绕特定岗位，这必然导致学生适应能力过窄，影响学生综合技能的形成。

五、"校企合作、工学结合"的人才培养模式

"校企合作、工学结合"的人才培养模式是在以学校为主，企业为辅的基础上，发挥学校和企业各自人才培养的优势，校内学习与在企业实践有机结合的人才培养模式。学生的录用是企业与学生双向选择的结果。"校企合作、工学结合"是目前我国主要的人才培养模式，该模式主要是学生在学校进行院校化培养接受学历教育。

在"校企合作、工学结合"人才培养模式下，职业院校可根据所在区域的经济和社会发展的需要，结合学校自身的办学条件，有针对性地设置适应性强的专业，有较强的自主性。经费主要依靠政府投入，因此在经费上是有保障的。更为突出的优点是，学生不仅能接受职业资格培训，更能接受系统的学历教育。

企业对于校企合作的积极性普遍不高，校企合作得利的主要是学校，企业没有尝到甜头，政府在鼓励校企合作上也没有出台一些有保障性政策以及有吸引力的举措，校企合作只是停留在学校层面，还没有上升到国家层面，没有形成校企"双赢"的局面，导致校企合作成效不显著。

六、以上几种人才培养模式对我国职业教育的启示

（一）探索多元化的人才培养模式

我国职业教育整体上处于蓬勃发展的阶段，然而由于经济、区位、行业发展的不平衡等社会因素，各地的职业教育发展很不均衡，因此，有必要根据各地、

各校实际情况，探索多元化的人才培养模式。"校企合作、工学结合"的人才培养模式，应该说是我国职业教育发展的大方向，也是一种统称，在具体实施过程中可以有很多的创新，单一化的职业教育人才培养模式，既无法满足社会多样化的需求，也无法满足学生多样化的要求及个体差异。例如在人才培养的时间上可以灵活有弹性，学生在校年限可长可短，实行不同学制；在办学形式结构上可多样化，同时可实行全日制、半日制、夜学制、双休日制等。

（二）出台国家政策，鼓励校企深度合作

国外职业教育的人才培养模式之所以成功的一个重要原因，就是有政府的支持，有立法上的保障。而我国虽然近几年出台了一系列发展职业教育的政策，如建设国家示范高职、骨干职业院校，也加大了对这些学校的经费投入，但在校企合作上没有单独的立法，对于企业参与校企合作也没有明确的政策支持。未来国家应该出台明确的政策，来鼓励企业积极参与职业院校的人才培养，吸引企业参与学校决策与管理，将产学研教育纳入学校办学管理层面，并形成相对稳定的制度。

（三）建立有中国特色的人才培养模式，不生搬硬套

无论是德国的"双元制"、英国的"三明治"还是美国的"合作教育"人才培养模式，它的成功为本国经济发展的实践所证明，并为世界各国所借鉴。但它毕竟根植于特定的政治、经济、文化条件，对别国的作法，要以国情为基础，可以学习借鉴，但不生搬硬套。就我国的情况看，政府对职业院校的扶持和资助力度还不够，社会对职业教育认识不足，企业参与热情不高，并没有把培养高技能人才作为自己的社会责任。因此，我国的人才培养模式应该还是以院校为本，企业为辅的人才培养模式，主要由政府和学校去推动人才培养的发展。

（四）积极拓宽经费来源的途径

教育经费短缺一直是世界性的热点问题，职业教育不同于普通教育或者说是其优势的地方，在于有设施完善的实训设备和实训场地。这些设施、设备、场地，无疑需要投入大量的资金和维护费。我国政府对于职业教育的投入本来

就不多，可以将政府投入及学生学费作为一个主要经费来源，但不能作为唯一的资金渠道，要增加投入，就必须要积极拓宽经费来源。一方面要依靠企业赞助以及校友捐助，当然这一部分收入也是有限的；另一方面，应该发挥职业院校作为职业教育培训基地的作用，学校可以利用自己的优势条件为企业提供系统的各种培训，包括对各生产经营单位进行全员培训、企业内部各职能部门，提高员工队伍的整体素质。这样做既为社会提供了教育服务，又增加了学校收入，还可以借助企业的知名度来为学校做宣传，塑造学校品牌，一举多得。

第四节　高等职业教育"1+X"人才培养模式

高等职业院校以培养社会所需的高素质人才为己任，需要对学生的全面发展负责，对社会发展尽力。百年大计，教育为先，高等职业院校作为人才培养的基地，需要发挥教育实效，优化人才培育。传统人才培养模式倾向理论灌输，实践教学相对较少，学生的学习主动性难以发挥。作为高职院校的教师应主动研究创新人才培养模式，并不断应用于教学实践，以期培养出高素质的复合型人才。

一、高等职业教育采用"1+X"人才培养模式的必要性

在新的时代背景下，市场竞争更趋激烈，一方面企业对人才非常渴求；另一方面满足用人单位需求的高素质人才相对缺乏，因此，培养合格的技术技能人才成为高等职业教育的重要课题。高等职业院校学生较多，为了增强学生的竞争力，必须贯彻落实素质教育目标，提升学生的综合素养。我国高等职业院校分布在不同区域，享受的教育资源呈现较大的差异，教学质量也参差不齐。少数高等职业院校缺乏教学资源，学生的学习基础较差，综合素养偏低，在就业竞争中处于不利位置。如何将学生培养为全面发展型复合人才，使其在就业竞争中具有优势，满足企业的岗位需求，成为高等职业院校关注的重要问题。

高等职业院校采用"1+X"人才培养模式，能够弥补僵化教学模式的不足。"1+X"人才培养模式将立足点放在学生发展上，具有全方位、广角度等特点，能够拓宽学生的知识视野，使学生成为复合型人才。这一人才培养模式对学生发展大有裨益，不但能够帮助学生顺利就业，更使学生具有后劲，在自己的岗位上发光发热，还可使学生具有较强的岗位转换适应性。"1+X"人才培养模式扩充了人才培养的主体，学校和企业都将成为人才培养的助推者。校企合作能够使企业文化与校园文化相融合，加快素质教育的进程，使学生健康成长，真正成为社会的栋梁之材。

二、高等职业教育采用"1+X"人才培养模式的规划

首先要明确人才培养目标，形成人才培养模式，制订人才培养方案。高等职业院校应该召开教学会议，学校管理者、教师等开展人才培养讨论，就人才培养计划问题达成一致。人才培养逐渐成为高等职业院校日常工作的核心，校领导应该不断完善人才培养计划，需要思考以下四个问题。第一，学校应该提升学生的专业素养。高等职业院校需要对教师提出要求，教师应该传授给学生基础的文化知识，帮助学生建构完整的逻辑体系，使学生能够应用专业知识解决现实问题；第二，学校应该提升学生的实践能力。高等职业院校应该为学生提供实践学习的平台，教师应该为学生提供理论应用的机会。教师要创设生活化的问题情境，引导学生进入情境之中，解决生活中的实际问题，从而培养学生的创新能力；第三，学校应该促进学生的个性化发展。学生处在成长的重要阶段，渴求彰显自己的才华，实现自己的人生价值。教师应该设立不同的教学板块，促进学生的个性化成长；第四，学校应该培养学生树立职业道德理念。学生在未来会走入社会，职业道德关乎个人发展，也关乎企业和行业发展。高等职业院校应该渗透职业道德教育，使学生树立正确的价值观。

三、高等职业教育采用"1+X"人才培养模式的实践

整合学历能力教育。高等职业学校应该把握素质教育的真谛,寻求"1+X"人才培养模式的有效路径。在实践过程中,高等职业学校可以将学历教育与职业能力教育相结合,促进学生的全面发展。通过"1+X"人才培养模式培养出来的人才,与传统模式培养出来的学生存在明显差异。在传统育人框架下,学校偏向理论灌输方式,要求学生对技能知识死记硬背,培养出了一批技术工人。值得注意的是,这些技术工人只是掌握了专业技能,思想道德素质、文化素质等相对较低。"1+X"人才培养模式为高等职业教育注入了新鲜血液,其强调学生德智体美劳协调发展,经过这一模式培养出来的人才,不仅具有较高的专业素养,且拥有职业道德,能够满足社会岗位需求。为了真正实现人才培养目标,在学历教育的基础上,高等职业院校还应该重视职业教育,实现学历教育与职业教育的整合。高等职业院校要构建实训场地,对学生进行职业规划,使学生学会应用职业技能解决工作中的现实问题。

不断优化课程体系。人才培养无法脱离课程而存在,高等职业学校需要不断丰富课程类型,切实有效地优化课程体系。一般来说,高等职业学校课程模块包括专业必修课程、专业选修课程和实践课程。在专业必修课教学中,教师应该充分尊重学生的主体地位,使学生学好重要的专业基础知识。教师应该鼓励学生表达自己的所思所想,在实践中检验理论知识的正确性。必修课的学习能够提升学生的文化素养,巩固学生的知识结构。在专业选修课教学中,教师应该为学生提供合理化建议,引导学生合理选择课程。专业选修课程较多,不同类型课程涉及不同专业学科的知识。教师要带领学生探索更加广阔的学习天地,为学生职业发展奠定坚实基础。教师要增强学生的问题意识,不断培养学生的问题解析能力。在实践课程教学中,教师应该带领学生参加实训项目,如社会实训项目、企业实训项目等。高等职业院校大多与企业建立联系,教师可以让学生进入企业参加实习,通过实践活动获得个人提升。很多学生制定了明

确的学习目标，对其他专业课程也颇感兴趣，高等职业院校应该扩展双学位教育、双专业教育范围，为学生自主学习提供更加便捷的条件。

重视引导学习实践。在僵化教学体制的束缚下，理论教学倾向明显，学习实践明显不足，压抑了学生的学习积极性，影响了学生对专业知识的理解，降低了人才培养效率。针对这一情况，必须重视引导学习实践，整合理论教育与实践教育。高等职业院校担任人才培养任务，应该采用多元化的实践教学举措，使人才培养落到实处。首先，学校应该鼓励学生开展科学研究。学校应该让学生立足自己的专业开展课题调研，为学生提供实验器材、实验工具，使学生获得实验成果。很多研究课题涉及不同专业，不同专业的学生需要共同配合完成科研任务。高等职业院校应该尽可能地创新跨学科项目，增强学生的团队协作能力，实现智慧的相互碰撞；其次，学校应该让学生进入企业实习。学校要始终和企业保持良好合作关系，为企业提供人才支持。学生需要在企业中汲取工作经验，掌握更多的工作技能；最后，学校应该带领学生开展社会服务。学习的目的在于应用，人才培养的关键在于为社会造福。学校应该为学生提供社会服务实践的机会，让学生在实践中把握真知。

综上所述，在新的教育背景下，高等职业教育要更上一层楼，如何优化人才培养，成为高等职业院校关注的重要问题。传统人才培养模式存在弊端，理论灌输法阻碍了学生的全面发展。为了提供稳定的、全面发展的、技术技能型人才支持，采用"1+X"人才培养模式是当代高等职业院校高质量完成育人任务的必要基础。

第七章 高等职业教育云平台应用实践

第一节 认识云教育

一、云教育的定义

不管是云教育,还是教育云,学界都没有展开过非常系统的探讨和研究,特别是中国的云教育还处于示范和发展的初级阶段,云教育的理念和实践都没有成熟的结论。因此,我们目前所接触到的有关云教育的定义及争论非常少,只有一些 IT 业界的说法或者是部分学界人士对云教育的态度和看法。

(一)云教育

云教育是指基于云计算商业模式应用的教育平台服务。在云平台上,所有的教育机构、培训机构、招生服务机构、宣传机构、行业协会、管理机构、行业媒体、法律机构等都集中云整合成资源池,各个资源相互展示和互动,按需交流,达成意向,从而降低教育成本、提高效率。这样一个云平台,也就是我们常说的"教育云"。

北京师范大学信息网络中心主任刘臻认为,云教育就是将教育服务的资源通过云计算的模式提供给用户。[①]它实质上是以前在高职院校信息化中建立集中化管理模式和资源整合,建立公共的 IT 服务及资源应用的平台是相关的,是一种集成和发展。

---

① 张鸿涛,徐连明,刘臻等.物联网关键技术及系统应用(第2版)[M].北京:机械工业出版社,2017.

还有观点认为，所谓云教育，是一个教育信息化服务平台。它通过"一站式"应用和"云"的理念，利用高速发展的移动互联网，试图打破教育的信息化边界，打破传统教育信息传递难、传递慢、沟通难的问题，实现跨国界、无地域、多语言、不受时间限制地无缝对接信息，让所有学校、教师和学生拥有一个可用的、平等的平台，实现班与班之间、学校与学校之间的交流，让教育部门、学校、教师、学生家长及其他与教育相关的人士（如教育软件开发者）都能进入该平台，扮演不同的角色，在这个平台上融入教学、管理、学习、娱乐、交流等各类应用工具，让教育真正地实现信息化。

简而言之，云教育其实就是一个云计算技术在教育领域的应用而衍生出的概念，它本质上是一种教育方式，是教育信息化、网络化的表现。

（二）教育云

与"云教育"同时出现的是"教育云"的概念，佛山科学技术学院教育科学学院系主任李新晖曾经表示，教育云是一个教育信息化服务平台，通过"一站式"应用和"云"的理念，打破教育的信息化边界，让所有学校、教师和学生拥有可用的、平等的平台。

中山大学网络与信息技术中心主任郭清顺表示，教育云是将教育技术理念、学习支持服务的理念、创新思维的理念等多种思想和技术融合，为用户提供优质教育服务的平台和方式。[①]

无论教育云穿上什么样的"外衣"，它的实质都是以云计算架构为基础，深度集成整合各种资源、系统、服务，按需向用户提供租用或免费服务，满足用户在学习、科研、管理、生活、娱乐、社交等方面的需求。用户只要拥有网络和终端设备，就能够像使用水和电一样，随时随地随需"信手拈来"教育资源。

云教育和教育云虽然都指向云计算与教育的联姻，都是基于云计算在教育领域的迁移，但语义范围还是有所不同的。云教育也可称为云时代的教育，或者基于云计算技术展开的教育活动；而教育云则是教育的云计算技术运用，或者说云计算技术在教育领域的运用，具体可表现为以云计算方式来提升教育效

---

① 郭清顺，苏顺开主编. 现代学习理论与技术[M]. 广州：中山大学出版社，2007.

率和质量、降低教育成本的一个云服务平台，这个平台实现了教育数据的云化。如此来看，云教育是广义的，教育云则是狭义的。

（三）云计算辅助教学

在云教育和教育云的概念还没怎么使用之前，"云计算辅助教学"是过去两年人们探讨云计算技术在教学领域的应用时常用的说法。"云计算辅助教学"，说的是学校和教师使用"云计算"提供的服务来辅助教学工作。可以说，它是20世纪80年代"计算机辅助教学"概念在21世纪的新发展。

云计算辅助教学让学校和教师利用云计算技术来构建个性化教学的信息化环境，让教师有效教学，学生也能够主动学习，在提升学生高级思维能力的同时促进群体智慧的发展。因为在传统的课堂讲授方式中，教师通过口述并运用板书配合讲解，学生缺乏对学习内容的感受，教学效果不佳，学生的动手能力也没有得到锻炼。近年来，很多学校都利用多媒体方式来增加教学的互动性和生动性，并借此激发学生的兴趣、想象力和创造力。然而，共享这些丰富的教学内容需要高效、普遍的信息化基础设施，云计算能够为教育的信息化建设提供技术支撑和交付方式。

从2009年起，我国已经有一些关于"云计算辅助教学"的学术论文出现，这些研究主要基于国外Google等IT企业将云计算技术用于学校以及国内云计算技术处于发端时期给人们带来的思考。因为那时还没有所谓的云教育项目或者教育云平台，一些研究者对云计算辅助教学展开了批判性思考。中国教育技术协会也从2009年开始在全国教育界开展"云计算辅助教学"成功案例的评选活动。

云计算辅助教学虽然不能代表云教育所涵盖的全部意义，但也是初期人们在研究云计算应用在教育领域时的构想，这个概念突出了云计算作为一种技术手段在教学中的作用，就像以前其他技术手段在教学中的应用一样，还没有阐释比较深刻的云教育的理念。

（四）云计算辅助教有

与"云计算辅助教学"相对应的是"云计算辅助教育"的概念，其差别在于后者覆盖了整个教育领域，加教学、教学实验、教辅领域等。人们对它的定义是，云计算辅助教育或者称为"基于云计算的教育"，是指在教育的各个领域中，利用云计算提供的服务来辅助教育教学活动。云计算辅助教育是一个新兴的学科概念，属于计算机科学和教育科学的交叉领域，它关注未来云计算时代的教育活动中各种要素的总和，主要探索云计算提供的服务在教育教学中的应用规律与主流学习理论的支持和融合，以及相应的教育教学资源和过程的设计与管理等。

有的研究者认为云计算辅助教育包括云计算辅助教学和云计算管理教学两部分。也有研究者提出如今的教育云包含的就是"云计算辅助教学"和"云计算辅助教育"等多种形式。因为教育云包括了教育信息化所需要的一切硬件计算资源，这些资源经虚拟化之后，向教育机构、教育从业人员和学员提供一个良好的平台，该平台的作用就是为教育领域提供云服务。

我们认为，"云计算辅助教学"和"云计算辅助教育"的提法侧重于云计算技术作为教育中的一种支撑手段的作用，特别突出这种技术所带来的个性化的教学环境和学生的主动协作学习，它们可以说是如今的"云教育"的初级阶段。而不管是云教育还是教育云，它们虽然也重视云计算的平台支撑作用，但更多的是诠释一种云时代所需要建构的新型的具有变革意义的教育理念，而这种理念需要社会各界都参与和支持才能获得认可，并产生实效。

二、云教育的特征和优势

从技术角度来讲，云教育的优势是非常明显的，相比传统的教育方式，云教育在技术运用、学校师资和设备成本投入、学习效率等方面的优势非常突出。

（一）教育云平台的技术特征

1. 专业的用户细分

就目前所公开的教育云平台来看，云教育是针对教育系统的独特性研发出的一套专业的用户系统，根据用户单位类型、地区、身份、部门、角色、岗位、职位、科目、年级、班级等分类归档，并赋予不同功能和权限。专业的用户细分提升了教育的针对性。

2. 严格的权限和隐私设置

一般在云教育平台上，用户可为自己发布的内容和上传的资料快速或详细设置读写权限。详细设置可将权限赋予指定地区、身份、年级等细分用户和指定好友等，同时还为用户提供私密保护，设置为私密的信息，除了用户本人，其他任何人无法查看该信息，最大限度地保护了用户的隐私。

3. 简单快捷的网站生成

云教育提供了操作更加简单的网站生成系统。其由向导引导开通，只需要简单的几个步骤就可以生成教育部门、学校、班级、教师、学生等群体的不同专业网站，在这个过程中用户还可以选择各种已经设置好的、风格多样的模板，或利用提供的工具自定义设置自己喜欢的个性页面，打造独特的风格网站。

4. 开放通用的信息中心

接入到某一云教育平台的学校，使用的是同一标准的系统，所有学校资源及信息都可以与其他学校共享，这样就形成了一个超级教育资源库，落后地区与发达地区形成对接，实现资源对等。

5. 扩展性强、更新速度快

云教育提供诸多应用，平台的背后有专门的研发团队负责技术跟进和产品研发；可做到技术和理念与世界同步，并不断开发出最新的软件供学校使用；自动升级，无须做更多的设置就可以使用到最新的功能，获得最顶尖的服务。

6. 对用户端设备要求很低

云教育所提供的一切服务对用户端的设备要求很低，学校师生可以使用原有的计算机或采用性能一般的笔记本计算机以及智能手机就可享受教育"云"服务，因此学校能极大地节约计算机硬件购买和维护成本。

7. 高存储力、超强计算力

教育云平台可为用户提供海量的存储能力，可保存用户的所有信息和资源，并提供永不丢失的备份。另外云教育由成千上万台服务器集群做计算，相当于一台超大型的计算机，能赋予学校前所未有的计算能力。

8. 强大的应用服务支持

云教育提供的教育应用引擎使更多的开发人员可以在该平台上开发并运行教育应用软件为用户提供服务，且软件不限于教学课件、教学工具、教务管理、教学游戏等。这样就拓展了平台的功能和功效。

（二）开展云教育的现实意义

1. 保障信息安全，数据集中管理

任何一所学校在加大力度投入信息化建设时，都会积累大量的数据资源，其中还会有一些至关重要的核心数据。云计算服务提供了安全可靠的数据存储中心，把网络上的服务资源虚拟化，整个服务资源的调度、管理、维护等工作由专门的人员负责，用户不必关心"云"内部的实现。将数据存储在云端，不仅能保证数据高效安全的存储，更能进行快速的数据加密和解密，以及及时启动防御攻击的硬件辅助保护功能，有效提高安全性。因此使用教育云服务能够保证数据安全，师生无须再担心个人计算机因病毒和黑客的侵袭以及硬件损坏等所导致的数据丢失问题。

2. 简化基础设施，降低建设成本

教育云服务对云用户端的设备要求很低，只要拥有可以上网的终端设备和一个浏览器，将终端设备接入互联网就可实现，不用再投入大量资金购买昂贵的硬件设备，负担频繁的维护与升级。同时，采用云计算可以减小计算能力对终端的限制，师生可以使用原有的计算机或采用性能一般的笔记本计算机及当前比较普遍的智能手机接入云服务。这样可以极大减少教育信息化建设的投入，降低学校在信息化建设中的软硬件成本。

3.接入方式灵活，便捷开展教学活动

教师与学生可随时随地通过手机、笔记本计算机等获得云服务，如学习电子教案和视频、在线提交作业和提问、参加网上考试等，教师可以通过终端设备更新电子教案、网上答疑、在线评卷等。所有数据都可在云端解决，云用户可以方便地利用这些资源，这样的教学活动就摆脱了过去教学对空间地点的限制和要求。

4.规范应用模式，实现济源共享共建

用户可以通过云应用平台定制私有云服务，多个应用将现有的信息资源共同加入一个"云"中，最大化地将各机构的优质资源挖掘和发挥出来，并利用其所提供的强大的协同上作能力实现教育信息资源的共享与共建，从而提高信息化建设效率，有效地整合数据资源，减少重复性建设，保障了数据的一致性。

三、云教育的发展动因

云教育的发展有一定的历史必然性，从技术角度讲，我们第一章已经论述了人类技术革新必然会给教育带来深刻的影响，教育的革命的前提也往往就是科技革命。

而今 IT 领域的"第四次革命"云计算时代的到来必然也会给教育行业带来相应的变革。从现实角度讲，当前教育的发展已经到达一个新的历史阶段，教育中存在很多问题（如教育资源分布不均、投入成本过大等）呼唤新的教育模式和功能，而云计算技术刚好能够满足教育发展的新需求，并以解决这些问题为落脚点。

（一）教育公益化发梭的时代呼唤

教育是公共产品，教育事业是惠及全民的公益性事业，创造人人获得平等发展的机会，同时承担着最广泛意义上的社会启蒙使命。实现教育的公益化，其中最重要的一项就是教育信息资源的共享。教育信息资源共享是指信息主体尽可能地向社会公开教育信息资源,并让全社会信息用户能够无偿或有偿地获得所需教育信息,是信息资源建设的基本要求。但是当前学校封闭式办学的传统使教育信息资源共享产生了困难,总体来看,我国教育信息资源共享困难主要表现在以下方面。

1. 教育信息资源共享性差

我国教育信息资源主要集中在教育、科研、文化等领域,每个领域又包括图书馆、教育管理、科研管理系统、社会文化教育机构等系统。这些系统又分为许多大小不一的条块,这些条块基本按"行政建制"进行分割,形成多元分散的结构模式。每个条块自成体系,只对上级负责,不重视纵横结合、协调发展。条块分割的多元化行政管理体制制约了教育信息资源的共建共享,比如很多地方的教育信息资源中心、教育信息资源库都是自行设计和开发,相互之间只是简单地超链接而没有真正地融合。这样会带来资源重建和浪费,学科资源融合性差。

2. 教育信息资源质量低劣

目前在看似丰富的网络教育信息资源中,很多教育信息资源内容重复、大同小异;还有一些教育信息资源存在明显的质量漏洞;有的教育信息资源过于死板,难以适应网络环境;有的教育信息资源偏离了课程改革的需求和理念等。教育软件跟平时人们生活工作中用到的软件相比,总体水平和质量偏低。

3. 教育信息资源库通用性差

每个学校教育信息资源库的标准和规范各不相同,导致动态更新和可扩充性差。对于大多数学校来讲,建设自己的资源库缺乏相应的实力基础,因而多是通过公司帮其开发的系统和资源来实现信息化数字化。但是,各家企业依靠的是不同的制作平台,开发时也很少考虑与其他软件的共享问题,这就造成各学校间资源库缺少统一的接口和连接基础,形成一个个"资源孤岛"。同时,不少教育软件公司只是注重前期的开发和推销这些资源库,而后期的更新和维护却跟不上,造成很多资源处于闲置状态。

我们知道，云计算技术能够让所有教育资源的信息数据存储在规模庞大的数据中心，数据中心有专门的团队运营管理。用户只要获得相应的使用权限，就可以随意使用各种教育信息资源，并可随时与任何人分享。云计算在教育领域的运用实现了资源共享并因此促进教育公平，推动教育的公益化发展。

（二）教育信息化发展的屹然要求

对于信息化在教育发展中的重要作用，我国政府和教育界一直有着深入的研究和高度的重视。在2010年颁布的《国家中长期教育改革和发展规划纲要（2010—2020年）》中就明确规定，"信息技术对教育发展具有革命性影响，必须予以高度重视。"2012年3月，教育部颁布的《教育信息化十年发展规划（2011—2020年）》再次强调了信息技术与教育教学过程紧密融合的重要性。

近年来，国家相继出台了一系列推进教育信息化的政策和措施，并在相关的文件中对教育信息化提出了明确的要求，其内容涉及现代远程教育、中小学信息技术教育、中小学"校校通"工程、教育信息化发展纲要、教育信息化技术标准、西部中小学现代远程教育项目及教育部现代远程教育扶贫示范工程、西部大学校园计算机网络建设工程、教师教育信息化建设、高职院校现代远程教育试点工作、高职院校网络教育学院管理、现代远程教育校外学习中心（点）的管理、软件学院等教育信息化的各个方面。

教育信息化的不断发展要求教育信息资源能够不断增长，教育资源的服务也要向多元化发展。云计算平台刚好满足了这种多元化的需求，微软、谷歌等IT厂商都推出了比较好的云计算平台，学校利用这样的平台开展教育能够进一步推动教育的信息化发展。

比如现在很多学校都在利用Google地球社区来开展地理课的教学，就是一个很好地利用Google云服务的例子。Google地球社区是Google公司开发的一款虚拟地球仪软件，把卫星图片、航空照相和GIS布置在一个地球的三维模型上。它采用的3D地图定位技术能够把Google Map上的最新卫星图片推向一个新水平。用户可以在3D地图上搜索特定区域，放大或缩小虚拟图片；还可以利用它进行全球定位，测量任意两个地点的距离，选择最佳的行程路线等。河南省郑州市第四十七中学地理组就在原有地理课堂教学模式的基础上，把 Google 地球社区引进地理课堂，探索地理教学另一新的模式。

云计算近年正处于起步阶段，有着强劲发展的势头，并成为未来网络发展的潮流和趋势。将云计算技术运用于教育，推动"云教育"发展，也是促进教育信息化发展的需要。

（三）教育行业化发展的势然结果

教育是经济社会发展的加速剂，它可以降低生产劳动成本，提高劳动生产率，对经济发展具有长远推动作用。通过教育投入，可拉动教育经济增长，促进教育事业发展的功能和特性。云计算技术运用于教育行业，能够进一步推动教育行业深入发展，同时云教育对其他行业领域也会产生极大的辐射作用。在政策支持层面，云计算将成为国内高等教育人才培养与创新教育理念的核心技术。

四、云教育参与主体

云教育的核心理念是提供一个"一站式"服务的教育信息化平台，让教育部门管理者、学校管理者、教师、学生、家长及其他教育工作者等不同身份的人都可以进入到这样的平台，并依据各自的权限去完成不同的工作。云教育打破了传统的教育信息化边界，集教学、管理、学习、娱乐、交流于一体，实现教育信息化系统开发体制的重大突破。下面我们就来讨论一下学校、教师、学生以及家长四大参与主体在教育云平台可能获得的权益和实现的功能。

（一）学校

教育云服务提供商可以为学校快速开设信息化中心，学校无须购买软件和硬件，避免了以往在人力、物力、财力上的投入。系统更新升级以及安全维护问题都是由云教育平台及时解决，学校无须支付费用就可以使用到非常多的信息化服务。

学校在云平台上除了完成一般的教务管理工作，还可以开设自己的学校网站，并按需存储师生上传到平台的文件和数据。云教育使用的分布式文件系统，会自动为文件在不同的服务器做不低于三份的备份，因而学校不用担心文件和数据丢失的问题；同时，系统会自动为文件和数据加密，除了学校管理人员，其他任何人都无法获取和查看文件和数据；学校也可以为文件和数据设置浏览、使用权限和方式（如是否自由导出和下载等），方便师生访问，保密性和适配性也都得以巩固。

云教育平台根据教育部门、学校、地区、身份、部门、角色、岗位、职位、科目、年级、班级等分类归档，并赋予不同功能和权限。注册到云教育平台性质一致的学校，一般都是使用统一标准的系统。学校公开的资源和信息还可以与其他学校实现共享，让落后地区和发达地区形成教育资源对等和对接。云教育平台把各种优质的教育资源予以整合，为广大学校提供合适、优质、可重复使用的素材，避免各个学校或单位各自为政，杜绝建设资源的重复和浪费。

当然，每个学校可以在云教育平台上开通自己的网站，在网站上开设学校消息、新闻动态、招生信息、公告消息、展示展览、博客相册等栏目，充当门户网站的功能。学校组织的各项活动、通知的上传下达、教学的日常管理都能方便快捷地呈现，面向社会的工作信息和组织活动也能及时发布。

（二）教师

注册运用云教育平台的学校赋予学校教师账号和权限，教师根据管理员提供的账户登录到云教育桌面，根据管理员给予的权限设置空间；教师也可以开通自己的网站，选择云教育提供的模板或者组定义模板来装饰自己的网站，为教师提供一个在线办公的空间。无须下载和安装，账户开设后即可随时随地登录使用。在云平台，教师可以运用上面提供的丰富的教学资源、大量的教学工具和软件，如搜索、查询考试题目，远程教导学生学习，开设向己班级的网站，发布作业，添加成绩，撰写博客等；教师还可以上传教学文件，与其他教师一起在线分享，一般来讲，资源共享范围也可以自己设置，如设置为同科目、同年级、同校、同一地区学校甚至全国所有学校。

（三）学生

云教育平台为每位学生提供了个性化的学习空间，学生可以在这里自由选择学习方式和学习内容，设置自己特有的个性网络学习空间。学生可以通过"云"搜索到海量的学习资料，在线观看各种名师授课视频；可以创建相册，撰写博客，结交朋友，展示自我，了解他人；也可以记录自己的考试成绩，在自己的空间发布学习笔记，与其他志同道合的学生一起交流学习等。云教育平台提供了一个全新的学习空间，学生不再受到传统课堂教学的制约。

在我国台湾省试行的"电子书包"计划就是云计算在教学领域的典型体现。为了减轻小学生背书包上学的负担，台湾省的教育部门自2009年8月1日起开始推行"电子书包实验教学试办学校暨辅导计划"，在未来2年内选定5所小学进行试点，学生得到一台轻薄、具有触控式屏幕的计算机，通过网络与教师在校园内随时随地进行移动式学习，网络连接的后端即为教育云平台，平台内存储着大量的教学资源，如与课本内容同步的资料库，以及师生间互动的空间和工具等。

（四）家长

云教育为家长和子女提供了一个全新的沟通交流方式，学校除了给教师和学生开通账户，还可以增设与学生对应的家长账户。家长账户与学生账户自动绑定可以设置一些合理的功能，比如家长可进入到子女的空间，了解孩子每次考试成绩、参加课外活动的情况、实时动态，拉近与子女之间的距离；家长还可以与子女一起参加学习小组和教学游戏，与教师讨论交流学习。

中国自主研发的、基于云计算技术的"翼校通"和"数字校园"产品，就为家长参与云教育提供了很好的途径。"翼校通"和"数字校园"是中国电信依托宽带、移动通信网络，为中小学校、教师及学生家长提供的满足日常交流互动、安全管理等应用需求的综合信息服务。两者的具体业务内容包括"家校信息""报安信息""家校微博"三大方面。

比如通过"家校信息"系统，各方可及时收看学校通知、作业通知、学生评语、成绩、家长和学生留言。教师采用登录"翼校通"门户网站、手机客户端或手机短信等方式,发送教学相关内容信息给家长。家长手机可接收、回复教师信息,也可以通过门户网站查看信息记录。

通过"报安信息"系统,学生到校和离校的刷卡记录会自动发送给家长,家长也可以通过"翼校通"门户网站查询报安信息记录等。

"家校微博"则是在已有家校组织关系基础上与家校信息、报安信息紧密协同,以微博的形式提供学校信息发布服务、教师与家长以及家长之间的互动沟通服务。教师、家长及学生还可以通过 Web 或手机客户端使用"家校微博"。

五、云教育给教育带来的变革

在传统的教育系统中,教育教学资源的分配存在共享程度不高、使用效率低下、资源浪费严重、系统扩充性差等明显缺陷。云计算在教育领域的应用对于促进教育公平、降低教育成本、变革教学活动方式以及推动终身教育等方面都将产生巨大的影响。

(一)促进教育公平

教育不公平是世界上很多国家存在的一个突出问题。国家与国家之间、同一国家的不同地区都存在这种现象,主要体现在师资、信息、设备和基础设施等层面。而我国教育不公平问题较为突出,发达地区的教育部门、学校和教育企业已经建设了大量的教育信息资源以及承载这些资源的设备设施,而教育欠发达地区教育信息资源及相应的基础设施则极为匮乏。

我国义务教育处于教育金字塔的塔基,也是人生成长的基础,是提高国民素质和培养各级各类人才的基础。城乡差距的缩小、整体国民素质的提高也需要打破当前教育不公平的现状。

而云教育的发展让所有教育信息资源付诸"云"端,不管人在何方,只要拥有连接网络的终端,申请获得教育云平台访问和运用的权限,就能拥有公平使用平台上教育信息资源的权利。让学生学到以往学不到的知识，也缓解了师资力量薄弱地区优秀教师缺乏的问题。可以说，促进教育公平是发展云教育的首要功能和目的。

（二）降低教育成本

很多企业通过实践已经证明，选择云计算技术能降低企业IT技术的总支出。这也让云计算能够解决成本问题成为许多行业选择采用这一技术的动力所在，而云计算对"长期需要投资"的教育领域的诱惑力可见一斑。

过去，教育的信息化需求让从小学到大学的教育机构都花费大量经费去购买计算机、软件应用以及网络设备等资源，技术的更新换代又让这些资源逐一淘汰，造成大量的资源浪费，同时增加了学校的教育成本。引入并运用云计算技术，学校可以继续利用原来的计算机，降低购买教育资源的硬件成本，特别是对于一些贫困地区的学校来说成效明显，其保留一些性能够用的计算机即可。

同时，有些教育部门和学校可能需要提供信息存储服务，当把信息资源转移到教育云平台，服务器的使用将大幅降低，由此连带着将降低服务器及所需基础设施的更新维护费用、人工管理费用和能源消耗费用。高层教育部门或者区域性的教育机构群如果集中租用教育云服务，从全局来看还将减少重复投资，提高信息资源利用率，实现"绿色教育"。

云计算应用都是基于网络，这就给网络加速、网络优化提出了新的命题。当云计算应用越来越广泛，用户不断增多，传输耗能的降低就会变得格外明显，云教育的"低碳作用"就会凸显，并成为一种极具革命性的工具。

（三）变革教学活动方式

传统教育采取的是以教师为中心、以课堂为中心、以书本为中心的教育方式，教师、教材与学生三足鼎立，教师控制整个教学过程。而在网络时代，教材内容网络数字化，教师有时与教材相结合，甚至有了"电子教师"。受教育者可以向教师学习，也可以向知识数据库、专家系统学习，其接受知识的活动范围更广，而所花时间更短。教师已经由"讲台上的圣人"转变到为学生加工知识、提出假设、解决问题的"凡人",其地位和作用已转变为培养学生学习掌握信息处理工具的方法和分析问题、解决问题的能力。同时教师也要花精力去关注学生的个性、品德及心理健康和社会适应能力等。

因为传统的教学方式限定了时间地点和教学模式方法,也让学生的学习自由和自主性有所降低。随着教育信息资源建立在"云"平台上,师生可以随时随地进行教学活动。同时云教育对用户终端的要求也不高,只要能联网,手机、计算机、笔记本计算机、iPad 等都可以作为使用终端,这就促进了"移动学习"的出现。

有了教育云平台,学生在任何时间、任何地点,只要想学习教师讲过的知识,就可以打开手机、掌上计算机或者笔记本计算机,在线查看教师教案或教学视频、提交作业,可以隔空与同学、教师进行信息交流。在这个移动学习的过程中,交互性、协作性与自主性通过云服务得以实现,凸显了学生在教学活动中的主体地位。

在云教育平台上,教师也可以"随时随地"开展教学工作,构建个人生活情感圈、文化圈和业务交流圈。"云服务"的便捷性、交互性和海量信息的易检索性对教师的业务进修、成果共享、专业发展和科学研究都会产生重大影响,有助于教师教学水平的提高,进而提高学校的教学质量。

(四)助推终身教育

知识更新换代的加快导致学生从学校学习到的知识很容易过期陈旧而失效。终身教育正是在这种大背景下提出来并为人们所逐步接受的,终身教育要求人们对信息有着持续吸收和应用的能力。

正如中国的那句俗语,"活到老,学到老。"如今,我们已经步入终身学习社会,终身教育、终身学习的观念也广为接受。终身教育,也被称为继续教行,是相对于全日制教育而言的,它是针对知识更新的要求提出来的终身教育主张在每一个人需要的时刻以最好的方式为其提供必要的知识和技能。如今,终身教育思想已成为很多国家教育改革的指导方针。发展终身教育,需要有意识地把文化组织、社区组织、职业协会等企事业单位部门纳入终身教育系统，充分利用社会各种具有教育力量和教育价值的资源和设施，使教育社会一体化。实现这一点，往往会面临很多技术和现实问题，如何整合各类师资力量以及教育信息资源至关重要。

人力资源和社会保障部门、工会、妇联以及各种行业协会等可以组织各类专业技术人员开发高质量的培训、教育信息资源，并在教育云平台上发布，属于不同行业、不同群体的个体则可以根据需要自由选择，按需学习，覆盖国民的公共云教育平台也就可以在终身教育领域发挥重要的作用。

第二节　教育云平台在高职院校教学融合中的应用

一、教学融合的概念

教与学的关系是教学过程中最基本的关系，其理想状态是教与学形成一个统一的有机整体，教中有学，学中有教，两者既紧密融合，又相互促进。教与学融合模式多样多元，教学媒体是教学融合的载体，科学的教学方式方法应用是教学融合的有效途径。

在传统的教学中，教师与学生之间通常是单向的知识传递的关系。教师负责教，学生负责学，但师生教学观念的差异、教学内容与学生认知之间的矛盾、教学方式方法单一、师生交流互动有限、教与学考评体系不健全等，导致了教与学的严重脱节，教与学成了两个相对独立的模块，严重影响了教学的质量。

在大数据网络时代，信息的来源、获取、处理已经变得多样化，教师不再是课堂的权威和主宰，课堂教学迫切需要从"以教师为中心"转变为"以学习者为中心"，教师需要由知识的灌输者转换为知识传授的中间人、学生学习的引导者、讨论参与者或主持者，而学生则要由被动的听课者变为积极主动的教学活动参与者。要实现这一转变，必须加强教与学的融合，丰富教与学融合的方式与内容，增加教与学融合的形式，提升教与学融合的力度，积极探索教与学融合的有效途径。

比如，世界大学城云平台给师生提供了一个可个性化应用的实名制空间，为教学融合搭建了桥梁，创造了条件；又如2011年始有的学校展开了以空间课程开发与应用为切入点的课程教学改革，积极探索了基于云平台的教学融合新模式。

二、教育云平台在教学融合中的应用分析

形象生动、可视的立体化教学资源的开发只是教学融合改革的基础，课程教学组织实施是教学融合的关键。2014年，笔者所在学校全面启动了信息化教学方式方法应用改革，其旨在利用该项目促进教与学的融合，促进信息技术与教学的深度融合，进一步提高教学质量。全校建立了28个教学团队投入到课程教学改革，各项目团队充分借助学校提供的世界大学城云空间平台，探索了一系列行之有效的信息化教学方式方法，在教与学融合方面取得了丰硕的经验。

（一）能更好地选实学习者对教学的知情权

学生是教学的主体。学生知情环节是教与学阶段的基础环节，从专业认识角度来看，学生希望了解专业教学计划以及重大教学决策的内容及其理由，学生希望清楚学校要把他们培养成为什么人、培养路径与理由等问题，并及时了解学校重大教学决策的根据与出发点；从课程学习角度来看，学生希望了解课程的地位、性质及教学目标、教学计划与进度；从课堂学习角度来看，学生希望了解课堂的教学环节与教学内容、教学方式方法、教学考核要求与方式。世界大学城云平台，校领导、系部主任、专业负责人、任课教师都拥有实名制的云空间。学校及系部重大决策、专业教学计划，各个任课教师的每门课程授课计划、教学方案等均会在空间公布，学生不仅能够知晓情况，甚至还可以对决策和计划提出自己的意见。因此，借助云空间，学生能对教学过程加深理解，

对课程的学习内容与方式和教师形成共同认识，从而促进学习的主动性和积极性，提高学习效果。

（二）能加速教师与学生见念的融合

教育的意义在于价值引导和自主建构。教与学观念融合的关键是课堂，教学必须以教师为主导，以学生为主体。教师要转变课堂"领导者"的观念，实现从"以教师为中心"到"以学习者为中心"的转变，要以"平等中的首席"角色开展课堂教学。师生人人拥有同样的云空间后，都可以相互加好友，相互访问，相互留言，学生和教师平等。基于云平台，教师构建了资源丰富、结构清晰的云空间。基于空间对学生进行价值观引导，也可随时利用云空间进行教学；或用"微课"视频引入教学情境；或用表格教案引导学习；或用考试系统进行测试。同样，学生也构建了丰富多彩的学习空间；他们用空间来表达自己的价值取向。在课堂上他们利用空间来参与学习；或用整理好的空间文档展示其预习成果；或用空间进行作业提交或参与考试；或用空间展示学习作品。教与学通过云空间这个枢纽充分地融合，进而形成了多维立体交叉的关系，教中有学，学中有教。教师的观念慢慢在改变，教师与学生的角色也就随之转换。

（三）能提高师生交流的深度与广度

心理学研究表明，良好的师生关系、轻松愉快的学习氛围，能够培养学生自主学习的兴趣，使学生以一种轻松愉快的心境去学习、思考并获得知识。在传统的教学环境中，师生交流主要是面对面的交流，但由于时空的限制，交流的机会比较少。而现在，除了面对面的交流，师生之间还多了一个有学习氛围且充满正能量的学习交流平台。通过世界大学城空间的教研苑，师生及生生之间可以就课程学习的某个话题展开充分的讨论；通过空间微博，师生可以表达各自的情感，增强师生友谊；通过空间作业批改，留言回复，教师在传递知识的同时也将亲切、鼓励、信任和尊重传递给了学生。

（四）能改变教与学的考核评价体系

构建合理的课堂教与学质量评价体系，可以促进教学质量的提高。传统评教方法通常是通过听课抽查、学生评教、期末检查教学资料等考察教师教学工作的好坏，虽有一定的代表性，但也存在一定的局限性；而传统评价学生学习情况的方式也主要以学生的出勤率和考试成绩为主，这种考核评价方式对过程考核显然关注不够，世界大学城云平台可以加强对教与学的过程性考核。教师教学的过程基本上可以在教师的空间教案、空间资源、空间交流与互动、空间作业布置及空间考核中显现出来；而学生学习的过程与效果也能很好地从学生空间资源的构建、空间的作业完成情况、空间作品展示及空间的单元测试成绩中综合评定。世界大学城云平台能将教与学的评价很好地融合起来，构建基于空间的教与学的过程性评价体系，使评价更趋于合理。

教学是师生共同参与的行为。传统的课堂教学忽视教与学之间的矛盾关系，在强调教师主导作用的同时，往往忽视了学生学习的自主性，严重影响了课堂教学的质量。充分利用世界大学城云平台，可以加强学生对教学过程及教学内容的了解与认知；加速教与学观念的融合，促进师生角色的转变；改变师生交流互动方式，提高师生交流的深度与广度；改变教与学的考核评价体系，使教师评价与学生评价更合理。教与学紧密融合，教学相长，从而提高教学的质量。

第三节 基于云平台的"3微3步1分层"教学

一、案例简介

随着教育信息化教学的不断推进，基于云平台的课程空间资源建设越来越受到关注，并且逐步探索与实施。作为高职院校，必须抓住有利时机，保证高职教育信息化建设真正成为职业教育的助推器，实现高职教育的跨越式发展。经过近年来信息化教学方法的运用实践，学生学习兴趣广泛提升，教师教学研究参与度也广泛拓宽。

本书以"有机化学"课程教学为例，展开以下论述。"有机化学"是应用化工技术、精细化学品生产技术、化学制药技术、工业分析与检验技术等化工类专业的一门重要的专业基础核心课程。该课程覆盖专业广，对学生专业课程学习及今后工作持续力的发展至关重要。近年来，有学者根据"有机化学"课程特征、教学进度、学习者的需求和能力，将课程内容进行适度分解，并在教学实践中创新了基于云平台的有机化学"3微3步1分层"的教学方法，教学改革实施效果十分明显。

二、教学方法描述

（一）基于云平台

基于云平台是指在云平台搭建有机化学立体资源库框架图，并进行充分利用。首先，教师为方便学生学习，在云平台搭建有机化学课程立体资源库，包括课程标准、课程说课、电子课件、职业标准、素材库、技能大赛、表格教案、群组交流等栏目，方便不同基础的学生时时处处进行学习。基础好的、学习有较强积极主动性的学生可提前预览有机化学知识，参考技能题库，为后续持续发展奠定基础；基础相对薄弱但仍有较强学习欲望的学生可观看上次课的表格教案和教师的电子课件，通过群组交流达到掌握学习知识与技能的目的。其次，学生通过教师的课程说课，了解"有机化学"课程的学习意义和学习内容，组建团队、根据自我需求选择合适内容进行学习，并通过群组交流，与教师、同学进行问答交流，满足自身学习需要。

（二）"3微"

"3微"是指"微团队""微新闻"和"微课程"。课前应完成"微团队"的组建、"微新闻"的选择和"微课程"的制作，具体说明如下。

1. 组建好"微团队"

在传统课堂上，学生能力的差异明显，教师常在课堂上顾此失彼，学生的自主探究不易落到实处。为体现学生的中心地位，充分发挥学生主观能动性和有效利用学生与学生之间的关系，在教学前期，组建学习的"微团队"。

2. 准备"微新闻"

化学是一门与生活、生产密切相关的学科。基于此,来自化学的新闻报道、热点话题也特别多,以化学传递的绿色、环保、健康等意识为原则,以化学能为社会贡献解决问题为导向,恰当选择合适的"微新闻"作为题材。教师课前利用搜索引擎查阅与本次课主题相关的新闻资源,进行筛选、处理,得出本次课合适的"微新闻",创设学习任务,作为课前学习资料。

3. 制作"微课程"

传统教学模式中,基础化学教师往往任教几个平行班,课堂上被迫重复进行各类讲解和演示,而无法将更多时间用来了解学生;同时伴随着微博、微信进入我们的社交网络,学生也更倾向于喜欢"微学习"。基于此,结合多年的教学实践,我们选择教学重点和难点,将其制成便于理解和学习的"微课",使学习者可以灵活地选择适合自己的学习时机与学习方式来开展学习。学生还可结合个人的兴趣和能力,选择适合自己的课程内容,从而达到弥补个性差异、查漏补缺的目的,进而减少教师的重复劳动,提升课堂学习效率。

(三)"3步"

"3步"是指将教学设计分为课前准备、课中学习和课后任务及交流三个部分。教师课前准备好各项素材并将这些微资源上传至云平台;制作"微课程"开展"微课程"的学习,以课前准备的"微新闻"为情境,基于情景,抛出问题,引导"微团队"不断思考;结合学生特点和知识内容特点,学生进行课堂深层次的讨论,"微团队"合作学习,解决疑问,教师给予实时评价,达到寓教于思、寓教于乐的效果。教师进入新一轮的准备,学生则进入新一轮的任务完成工作。

(四)"1分层"

"1分层"就是在充分尊重学生个体差异的前提下,经过动员宣传、问卷调查后,进行班级分层并施教,最后进行评价而使学生潜能得到充分发挥,能力不断提高的教学模式,简称"MIS1ER"分层教学。

"基于云平台的'3微3步1分层'教学方法"是指"微团队"以"微新闻"为学习引擎,以"微课程"为主要学习任务,以云平台为载体,实现课前、课中、课后分层教学培养。

三、教学方法具体应用

以"酚的酸性及其应用"为例,来说明本方法的具体运用。

(一)课前准备

1."微团队"的组建

将所授班级进行4—5人一组的"微团队"划分,为更好地展现学生风貌、更好地了解学生,让"微团队"成员制作介绍本团队风采的微视频,1—3分钟为宜。通过"微团队"的组建,搭建了指导学生分工合作共同达成学习目标的一种平台,是一种很好完成教学任务的教学手段。它与传统教学最大的不同就是它由原来的教师为中心真正转为以学生为中心。它更侧重于学生的学习过程和学习方式的监控,而不仅仅关注其学习目标。学生在共同达成学习目标的同时既培养了合作精神,又因为教师的"放手",自主学习能力也得到了发展。"微团队"合作学习是学习任务完成的主要方式。

2."微新闻"的选择

苯酚用途非常广泛,是生产树脂、杀菌剂、防腐剂以及药物(如阿司匹林)等的重要原料;也可用于消毒外科器械和排泄物的处理。为了让学生有兴趣地主动学习,更好地掌握苯酚其具有腐蚀性和毒性,接触后会使局部蛋白质变性的性质,故选择苯酚泄漏事件作为学习背景,开展课前学习,并将方案上传至云平台,教师给予评价并引导。

3."微课"的制作

因苯酚的酸性是本次课的学习重点,苯酚的酸性与碳酸酸性的强弱学生经常会搞错,为使酸性强弱呈现得更加直观,学生不易忘记,针对苯酚的酸性开发相应的"微课",带领学生通过视频进行探索性学习,而非直接讲授;苯酚的结构部分因苯酚分子结构抽象,将结构部分通过苯和苯酚的小动画呈现给学生,直观、易懂。故将这两部分制成"微课"进行学习。

(二)课中学习

1. 导入新课

以苯酚的泄漏这一"微新闻"为情境,抛出苯酚泄漏选择处理方法及选择理由,共同查阅学生的回答情况,并总结学生的处理方法,如有活性炭法、加水稀释法和生石灰法等,简要剖析学生采取方法的理由。

通过视频给出消防员的正确处理方法,即主要采用了活性炭和生石灰法。引导学生思考为什么采用这些试剂处理?可否用其他方法?将问题的高度进行升华。

2. 微课学习

知识点一:讲授苯酚的结构。鉴于苯酚结构的抽象性与复杂性,首先通过苯的动画结构回忆 π-π 共轭体系;然后通过图片、小动画展示苯酚的 P-π 共轭体系,由简到难,利用信息化手段,突破教学难点。

知识点二:苯酚的酸性。通过化学经典语句"结构决定性质"引入重点——苯酚的酸性,学生学习提前做好的微课,基于问题进行小组合作学习探究实验。较简单的问题可找"微团队"成员中基础相对薄弱的学生回答,满足学生的自我成就感。

回到前面的"微新闻"学习情景,"微团队"自行解疑,进行探究性学习,提升学生自我解决问题的能力,并将问题进一步升华,反问学生能否用氢氧化钠或小苏打来处理泄漏的苯酚?引导学生持续发展的学习能力。

经过教师引导,学生深度参与并自主学习有毒有害物质的处理方法。学生逐步掌握一般有毒有害物质的处理方法需要考虑的因素,拓展了学生思维空间。学以致用是学习的主要目的,学生学习完苯酚的酸性微课后,教师引领"微团队"结合具体实例探究苯酚酸性的应用。

利用所学知识，结合生活、生产解决日常生活中所遇到的问题，提高学生环保意识、增强社会责任感。巩固、深化重点，遵循由易到难、理论联系的学习规律，尊重学生学习体验，让学生在不断解决所遇到问题的同时，自尊心、自信心不断得到满足，学生学习潜能不断得到发挥。

知识点三：取代基对苯酚酸性的影响规律。探究苯环上连有其他取代基对苯酚酸性影响的规律时，结合前期所学知识由易到难，引入取代基结构对苯酚酸性的影响，并通过观察对比结构特征，分析得出知识点三——取代基对苯酚酸性的影响规律。

为实时了解学生学习状况，便于下次课任务的布置。通过"微团队"抢答环节，进行课堂实时评价，在掌握知识的同时，增强学习的趣味性。

（三）课后深化与交流

总结本次课内容，强调本次课学习的重点和难点，并布置下一个"微新闻"，设置另一个学习情境，让"微团队"课下完成，为下次课的学习做好铺垫。

（四）教学方法实施效果

1. 学生层面

经过"3微3步1分层"的教学方法，学生普遍反映，教师课上授课方式灵活，师生有了更多的交流，教师布置的问题也更富层次感，能激起学生的兴趣。微课可以使基础较差的学生在课下反复学习，慢慢点燃了学习激情。"微新闻"贴近生产和生活，让学生了解生活、生产中的知识，学习更有目的性。同时，通过课后任务布置，学生将主动上网搜索资料，从而帮助学生掌握现代信息技术；通过查找网络上的各类学习资料，增强学生在网络环境下提出问题、分析问题和解决问题的能力，从而形成可持续学习与发展的能力。

2. 教师层面

"3微3步1分层"的教学方法的使用，转变了教师观念，更新了教学思想，教师由被动变为主动学习信息化手段，进而改进自己的课堂教学，故提升了教师信息化水平。分层教学使教师充分意识到通过改变教学方法和模式、重构教学内容和改进评价机制等，会更好地促进在教学活动中学生潜能的发挥。增强了上课的成就感，同时，教师也深刻意识到教学模式、教学方法对学生潜能开发的重要意义，反思教学中压制学生个性发展和潜能发挥的因素，促使教师观念不断转变。

第八章 高职"双师型"师资队伍建设，提升教学创新能力

第一节 "双师型"教师的内涵

一、"双师型"教师概念的形成

"双师型"教师是我国职业教育发展到一定阶段产生的一个独特的概念。该概念的形成大致经历了四个阶段。

（一）源自于职业教育发展的现实

20世纪80年代初，我国的职业教育特别是中等职业教育开始迅速发展，大量的普通高中改制成为职业高中，这样的职业高中没有职业教育的经验，没有相应的设施设备，没有专业师资。所以当时的职业学校很自然地寻求与企业的合作，专业课与技能课的教学多由企业人员担任。随着职业教育的发展，职业学校开始有了自己的实习与实训设施，通过改行等方式培养专业课教师，并从高校毕业生中引进专业师资。但是恰恰是职业学校办学独立性（封闭性）的增强，在师资方面出现了严重的问题，比如职业学校自己培养的教师或来自于高校的毕业生，普遍缺乏动手能力与实践能力，无法承担起培养学生职业能力的重任。由此，通过后天的措施对原有的师资进行"改造"，以适应技能型人才培养的需要，成为师资队伍建设的重要内容，"双师型"教师就是在这样的背景下提出的。

（二）形成于高职高专的实践

20世纪80年代末90年代初，高职高专得到快速的发展，一个重要的背景是，高职高专的前身多为以前的中专，是以理论教学为主的学术性的专门学校。升格为高职高专后，其师资结构同样无法适应职业教育的发展需要，专业课教师有较好的理论功底，但是实际动手能力偏弱。在高职高专职业教育的理论研究与实践上的探索较之于中职学校更为系统与深入；在师资队伍的建设方面，鉴于专业教师的动手能力普遍缺失，高职高专首先提出了"双师型"教师的培养问题。普遍认为，"双师型"教师的概念最早是由工科类专科学校在实践的基础上提出的。1990年，王义澄在《中国教育报》上发表了《建设"双师型"专科教师》，介绍了上海冶金专科学校培养"双师型"教师的做法，对"双师型"教师不仅在概念上有了初步的认识，而且在实践上已经有了一些具体的举措。

（三）受推于政策与行政的力量

"双师型"教师的概念在职业教育领域所以能受到广泛关注，并成为职业教育师资培养的重要组成部分，与行政和政策的引导、推动密切相关。1995年国家教委《关于建设示范性职业大学工作的通知》中明确要求："专业课教师和实习指导课教师具有一定的专业实践能力，其中1/3以上的达到'双师型'教师。"此文件的印发标志着"双师型"教师这一概念在中国教育政策上正式提出，也表明了职业教育领域对"双师型"教师及其队伍建设的研究上升到政策的高度。其后，1997年召开的全国职教师资队伍建设工作座谈会指出，师资工作"以建设'双师型'师资队伍为重点。"国家教委1998年颁布的《面向21世纪深化职业教育教学改革的原则意见》中对"双师型"教师的内涵作了比较明确的规定，"要采取教师到企事业单位进行见习和锻炼等措施，使文化课教师了解专业知识，使专业课教师掌握专业技能，提高广大教师特别是中青年教师的实践能力。要注意从企事业单位引进有实践经验的教师或聘请他们做兼职教师。要重视教学骨干、专业带头人和'双师型'教师的培养。"

（四）明确于新时代的要求

2000年1月，教育部《关于加强高职高专教育人才培养工作的意见》中强调"抓好'双师型'教师的培养，努力提高中、青年教师的技术应用能力和实践能力，使他们既具备扎实的基础理论知识和较高的教学水平，又具有较强的专业实践能力和丰富的实践工作经验"；"要有计划地组织教师参加工程设计和社会实践，鼓励从事工程和职业教育的教师取得相应的职业证书或技术等级证书，培养具有'双师资格'的新型教师"。2000年10月，教育部高教司在《关于印发〈高职高专教育教学工作优秀学校评价体系征求意见稿〉和〈高职高专教育教学工作合格学校评价体系征求意见稿〉的通知》中规定了"优秀学校的A级标准"为"双师型"教师占全校专任教师（"两课"、公共课教师及助教除外）的比例应大于或等于50%，并规定高职院校教学工作合格标准为"双师型"教师要占全校专任教师（"两课"、公共课教师及助教除外）的20%以上。

从2004年开始，教育部正式启动高职高专院校人才培养水平评估工作。按照教育部2004年4月颁布《高职高专院校人才培养工作水平评估方案（试行）》规定，"专业基础课和专业课中双师素质教师比例达到50%，只能达到C级标准，比例上升到70%才有机会获得A级。""双师"素质的注解为："'双师'素质教师是指具有讲师（或以上）教师职称，又具备下列条件之一的专任教师：其一，有本专业实际工作的中级（或以上）技术职称（含行业特许的资格证书）；其二，近五年中有两年以上（可累计计算）在企业第一线本专业实际工作经历，或参加教育部组织的教师专业技能培训获得合格证书，能全面指导学生专业实践实训活动；其三，近五年主持（或主要参与）两项应用技术研究，成果已被企业使用，效益良好；其四，近五年主持（或主要参与）两项校内实践教学设施建设或提升技术水平的设计安装工作，使用效果好，在省内同类院校中居先进水平。"

2006年11月，教育部在《关于全面提高高等职业教育教学质量的若干意见》中提出，"注重教师队伍的'双师'结构，改革人事分配和管理制度，加强专兼结合的专业教学团队建设"，"逐步建立'双师型'教师资格认证体系，研究制订高等职业院校教师任职标准和准入制度。"从国家教育政策文件中不难发现"双师型"教师队伍建设逐渐成为高等职业教育实现培养目标的必然性要求，是提高职业教育教学质量之举措的重要内容。而"双师型"教师作为一个有中国特色的新概念也日益受到多方关注，在教育界引发了多方探讨和多种释义学说。

从"双师型"概念的提出历程可以看出，"双师型"概念的发展经历了"重素质"到"重结构"，再到"素质和结构并重"的过程。从2006年起，教育部的相关文件则开始既关注"双师型"素质，又关注"双师型"结构，指出职业院校要规划和建设兼具"双师型"素质与"双师型"结构的专业教学团队。

二、"双师型"教师概念的剖析

综合前面对"双师型"教师概念提出历程的回顾及各方学者对"双师型"教师的学术观点，"双师型"教师的概念从内涵上看可归纳为范围、来源、知识、能力四个方面。

（一）"双师型"教师的范围

"双师型"教师概念所体现的范围既包含教师个体，也包含教师队伍整体。教师个体的"双师型"体现为"双师型"素质，教师队伍整体的"双师型"则体现为"双师型"结构。教师个体通过学习、积累、提高知识和能力的方法来养成和达到"双师型"素质，教师队伍整体则通过"内部培养""联合培养"和"外部引入"等途径来形成和达到"双师型"结构。只有对教师个体和教师队伍整体同时进行培养和建设，才能尽快达到教育部对职业院校，尤其是骨干高职院校"双师型"教师及教师队伍的建设要求。

（二）"双师型"教师的来源

"双师型"教师概念所体现的来源既包含校内专任教师，也包含校外兼职教师。职业教育不同于普通高等教育，是一个开放性强于封闭性、实践性强于理论性的教育，"双师型"教师的来源必须二元化，才能保证职业教育培养出技能型人才，并使其动手能力强，顶岗就能用。因此，校外兼职教师不是职业教育"双师型"教师及教师队伍的必要补充，而是职业教育"双师型"教师及教师队伍的一个重要组成部分。因此，只对校内专任教师进行"双师型"培养和建设的理念是狭隘的，职业院校应该有一个宽广的视野，对校外兼职教师也应进行"双师型"培养和建设，使其稳定化并达到职业教育的教学要求。

（三）"双师型"教师的知识

"双师型"教师概念所体现的知识既应有理论知识，也应有实践知识。可以理论强于实践，也可以实践强于理论；但是不能只有理论而没有实践，也不能只有实践而没有理论。因此，针对只有理论知识的教师个体和教师队伍整体，须通过各种渠道增强其实践知识；而对于只有实践知识的教师个体和教师队伍整体则必须通过各种渠道增强其理论知识。只有这样，"双师型"教师个体和教师队伍整体才能更好地将理论和实践融合起来，并将理论充分指导和运用于实践，从而突出职业教育实践性强的特点。

（四）"双师型"教师的能力

"双师型"教师概念所体现的能力既有专业能力，也有教学能力。只有专业能力而没有教学能力的教师个体及教师队伍整体，不能将专业知识和能力有效传授给学生；而只有教学能力而没有专业能力的教师及教师队伍，则不能传授给学生有效的专业知识和能力。这两种情况都将严重影响职业院校"双师型"教师及教师队伍运行的实际成效。因此，在"双师型"概念的发展历程中，要求校内专任教师必须以教学能力为基础来培养和提高其专业能力；而校外兼职教师则必须对其进行教学能力的培养，促使其将专业能力转化为教学实效。

三、"双师型"教师的具体内涵

(一)"双"素质的内涵

1."双师型"教师作为普通教师的基本素质

(1)"双师型"教师应具有深厚的教育科学素养和能力等基本素质。

科学的教育理论使教师运用教育规律解决教育问题,达到教书育人的良好效果;教育能力使教师在教育教学过程中能够按照人才培养目标的要求使用必要的教育与教学技巧,并且改进教育思想和方法,如良好运用教材的能力、语言表达能力等。教育科学素养和教育能力使"双师型"教师能够按照教学计划和教学大纲的要求,完成理论教学和实验教学,能够正确评价教学效果等。此外,"双师型"教师还应该掌握现代教育的理论知识,具有应用现代化教育手段进行教学的能力。

(2)"双师型"教师应具备高尚的师德素养

师德素养是教师的职业道德,是教师在教育活动中必须遵循的行为规范,是教师道德品质在自己职业行为的集中表现。"学为人师,行为世范",良好的师德是学生效仿的榜样,是确立教师地位和威信的重要前提和基本条件。师德素养包括政治观点、科学的思想方法、坚定的政治信念、较高政治理论水平、爱岗敬业、热爱学生、严谨治学、为人师表等。

(3)"双师型"教师应具备广博的文化知识与宽厚的专业理论

教师以传授科学文化知识,促进学生全面发展为己任,因此,"双师型"教师既要精通所授学科的系统知识,了解专业学科的发展动向和最新研究成果;也要有广博的文化知识和文化修养,有多方面的兴趣和能力。

2."双师型"教师作为高等职业院校教师的职业素质

(1)"双师型"教师须具备高尚的职业道德

"双师型"教师除具有一般教师的师德以外,还必须遵守职业道德。教师在行业中所表现的人际关系、职业意识、职业情感与职业行为都是学生效仿的对象，会直接影响学生进入行业后的知、情、意、行，甚至影响该行业的道德风貌。

（2）"双师型"教师须具备扎实的实践技能

高等职业教育"以服务为宗旨，以就业为导向""坚持培养面向生产、建设、管理、服务第一线需要的""实践能力强、具有良好职业道德的高技能人才"，要求专业课教师具备扎实的专业实践技能，将实践技能内化为内涵式素质。

（3）"双师型"教师须掌握本专业的人才需求情势

由于高职院校的职业指导是每位教师工作的一个重要方面，职业选择是改变学生生活和命运的慎重抉择，职业指导工作任重而道远，要求高职院校的"双师型"教师必须掌握专业人才需求情况，帮助学生了解并正确选择适合的职业与岗位，激发学生的潜在才能并引导其个性充分发展。所以，"双师型"教师需要了解专业人才需求，洞悉社会所需的专业人才规格和质量，以指导学生掌握相关的知识与技能，并使专业课程紧跟社会职业与岗位要求的变化。

（4）高职院校"双师型"教师须具备一定的应用型科研能力

高职院校的应用型科研主要分为两个重要方面。一是以高职教育理论与实践本身为研究对象，通过观察、实验、分析、研究，探索出具有普遍意义的教育、教学规律；二是以专业实践作为研究对象，重在技术服务与推广。

此外，高职院校的"双师型"教师应具备市场调研和分析能力、策划和组织能力、技术开发推广能力等。

（二）"双"能力的内涵

1. 专业理论能力

专业理论能力的基础是广博的文化和专业基础知识以及全面、系统、深厚的专业理论知识。"双师型"教师必须具有扎实的专业基础理论知识和广博的知识结构，了解本学科或该领域的发展动态和最新技术成果，有较高的理论水平，以保证高水平的教学质量。"双师型"教师不但要对教学大纲所要求的知识全面掌握，理解透彻，还要及时了解本专业发展前沿动态的知识，并及时把新知识、新技术、新理念授予学生。

2. 专业实践能力

专业实践能力指较强的教学科研能力与素质、熟练的专业实践技能、组织生产经营和科技推广能力以及指导学生实践的能力和素质的集合。要求"双师型"教师必须具备特定岗位群的技术技能，熟悉生产实践，能从事相关专业技术开发和专业技术服务工作，具有与学生获取的多种岗位资格证书或岗位技能证书相关的证书（级别要高于或等于学生所获取证书的级别），并具有较强的理论和实践的综合能力，并能及时掌握本专业群的最新操作技能，专业实践能力是"双师型"教师最重要的核心能力。首先，专业实践能力要求"双师型"教师在理论知识、追踪专业前沿性问题和专业发展趋势方面具有高度敏感性。其次，专业实践能力要求"双师型"教师具有实际操作能力，尤其在专业领域内从事试验、生产、技术开发和科研等工作的专业操作技能。此外，专业实践能力要求"双师型"教师具有针对实践中的疑难问题的现场指导能力。综上所述，高职院校"双师型"教师可以界定为具备教师的基本素质和资格，即专业课教师既要有全面的专业理论知识，又具备较强的岗位实践能力，逐步向"教师—工程师""教师—技师（高级工）""教师—会计师"等二元复合方向发展的专业课教师。高职院校的"双师型"教师，指专业教师中既具有"讲师"（或以上）素质和能力，又具有本专业或相近专业实际工作的"工程师"（经济师、会计师、主管护师等同层次及以上）素质和能力的教师，即"讲师"与"工程师"的素质与能力合于一体的教师。"双师型"的各项标准都在要求高职院校"双师型"教师要走向社会、了解企业生产经营情况，做到理论联系实际，加强教学的针对性，不能只限于具有较高的技能教学水平，要有比较全面的专业基础理论。

四、准确把握"双师型"教师内涵

(一)高职院校"双师型"教师首先应是个合格的高校教师

高职院的教师,是取得高等教育教师资格的教育工作者。从教师的职务、职称来看,只要他是合格的教育者,并具备相应的社会实践经验、能力,助教也可以进入"双师型"教师行列,而不一定非是讲师(或以上)才可以认定为"双师型"教师。

(二)"双师型"教师应具备相应的实践经验或应用技能

(1)从技术职务(职业资格)的条件看,如果已经是个合格的高校教师,又具备初级以上技术职务(职业资格)的话,就可以进入"双师型"教师系列。

(2)对已获取初级以上技术职务(职业资格)的教师来说,不能见到"双证"就定为"双师",学院应进行以下方面的把关:一是看其拥有的技术职务(职业资格)是否与其所施教的专业一致;二是看其考取的证书是否从理论到理论,即是否通过纯考试手段获得的。据此,我们建议将教育部"有两年以上在企业第一线本专业实际工作经历"与"有中级(或以上)技术职务"的规定合二为一,并作如下修正,即符合如下条件的可认定为高职"双师型"教师:"具备助教以上的合格教师,获取初级以上技术职务(职业资格),并在基层生产、建设、服务、管理第一线有累计两年以上实际工作经历。"

(3)对"主持或主要参与二项应用性项目研究,其研究成果被企业应用,并取得良好经济效益和社会效益",作为"双师型"教师"实践能力"的条件,我们认为应该将"良好"从定性转向定义。比如,规定科研成果须给企业当年直接增加税后净利10万元以上,或获得区(县)以上政府特别嘉奖的,方能作为高层次"双师型"教师实践能力的条件。

(三)"双师型"教师按专业不同,其素质要求应有所不同

高职院校的专业可按大类分为社科类(企业管理、市场营销、财会、法律、物流、商务等)与技术应用类(机械制造、应用化工、电子信息技术、精密加工、自动控制等)。

社科类"双师型"教师应该凸显以下方面的素质：社会实践经验的积累和应用，良好的沟通、协调和组织能力，信息社会、市场经济和全球化的适应和引导能力，扎实的专业知识水平和专业应用能力，与时俱进的创新能力。

技术应用类的"双师型"教师则应凸显以下方面的素质：了解并掌握所授专业相对应行业的应用技术的动态，能够通过专业授课、实训、实习，使学生掌握就业岗位所需的应用技术和职业技能；具备肯动手、勤动手、会动手的操作习惯和实践修养，引领学生走"从书本到实践，再从实践到书本"的技能提升之路；能够教育学生形成相关行业的职业素养，如维修技术人员"不怕苦、不怕脏"的品质等；能够通过应用项目的研究和应用技术的创新等活动，培养学生的技术创新、技术革新意识和能力。

（四）不同层次的"双师型"教师的素质和使命应有所不同

按照专业理论水平和实践能力，高职院校的"双师型"教师可分为初级、中级和高级，分别对应助教、讲师和副教授以上三个层面。

（1）助教级的"双师型"教师，主要以讲授理论课为主，同时能够指导实训。在实践应用方面，他们一般不够全面和深入，但对所授专业相关的社会实践有整体的了解。他们必须通过学校实验、实训和参加更多的社会实践，丰富实践经验，提高实践技能。

（2）讲师级的"双师型"教师应具备扎实的专业知识、专业技能，掌握所授专业相关行业动态和职业技能，同时能够根据行业和职业的发展变化，对本专业建设提出有价值的建议。

（3）副教授级的"双师型"教师的专业水平和专业应用能力，应相当于专业指导委员会委员的水平，能够通过参加高级专业研讨会、亲身社会实践、进行行业（职业）调查和专业分析等一系列活动，对专业的社会适用性、专业课程的设置和调整、专业的变化方向及实践教学创新等提出建设性意见，从而为高职专业开发和建设做出较大的贡献。

总之，"双师型"教师绝非仅指"双证书"教师。放眼未来，"双师型"

教师还不是理想的高职教育教师，未来理想的高职教育教师在专业理论知识和专业实践能力上应呈现整合的"一"，而不是目前所强调的"双"，"双师型"教师也只是我国现阶段高职教育教师专业发展过程中的一个过渡性的必然产物。

第二节　高职院校"双师型"师资队伍建设现状

一、高职院校"双师型"教师队伍建设成绩

（一）师资的整体素质优良

"双师型"教师首先要具备教师的普遍素质，即道德素质、教学能力及专业科研能力。目前"双师型"教师首先具有正确的政治方向以及世界观、人生观和价值观，能够自觉以为人民服务为宗旨，以正确的立场、观点和方法教育学生；其次具有良好的师德，热爱本职工作，忠于教育事业，传道授业、教书育人、为人师表、以身作则，热爱和关心学生；再次具有良好的学术水平，且不断钻研。教师在教育好学生的同时，自己也不断搞科研，既教书育人，又自我发展，把两者很好地结合起来；最后具有良好的教学能力。教师不仅要知识渊博，教学态度也要严谨，刻苦钻研教材，不断改进教学方法，提高教学效果。

（二）教师思想认识得到提高

通过调查发现，有不少教师原来没能充分地认识到"双师型"师资队伍建设的重要性，他们认为学校教师把学术搞好就行了，实践是学生自己的事，并且教师精力有限，没有必要再去研究实践。通过大力宣传和引导，教师提高了认识，对"双师型"师资队伍建设的重要性有了更深的认识，同时也认为具备"双师型"教师资格是必要的。教师在充分认识到实践的重要性和必要性的基础上，主动利用寒暑假社会实践，不仅锻炼了自己，提高了自身的专业实践能力，而且为更好地指导学生的实践奠定了基础。

（三）学校领导对"双师型"教师队伍建设的重视程度有所加强

高等职业教育要想取得实效，"双师型"教师队伍的建设是重中之重。经调查发现，有78%的教师认为学校领导对"双师型"师资队伍建设的重视度比过去有所增加。目前，绝大多数的高职院校都在积极采取措施，加快"双师型"队伍的建设。比如，学校领导开专题会议研究"双师型"师资队伍建设问题，鼓励并要求教师利用寒暑假参加社会实践，面向社会从技术人员中选拔专职教师和兼职教师等。调查中发现，大部分学校制定了鼓励教师提高学历层次的具体办法，对教师参加社会实践也都做了相应规定。

（四）兼职教师队伍的建设得到了各高职院校的普遍重视

针对社会大环境对技术应用型人才的需求，高职院校培养"双师型"教师的步伐不得不加快。因为技术型人才的培养，只靠书本知识的学习是做不到的，实训锻炼也是必不可少的，聘请一大批具有实践经验的行业精英、企业骨干来学校任职，实现社会和学校的接轨，是必要的。目前，各高职院校都已充分认识到兼职教师的重要性，正在努力建立起一支相当稳定的兼职教师队伍。调查发现，兼职教师队伍的建设可以通过以下两种途径进行。一是聘请其他学校的在职教师或者具有高级职称的退休教师做兼职老师；二是聘请企业单位的高学历技术骨干，加强与社会的联系和沟通，建立人才交流基地。

（五）"双师型"教师的数量和比例大幅提升，师资队伍充满活力

从近几年的高校教师发展情况来看，高职院校对"双师型"教师培养和引进也越来越重视。主要表现在："双师型"教师队伍不断壮大，教师数量在不断增加。而从师资队伍的结构上来看，各高职院校的师资队伍也充满了活力，一是师资队伍的年龄上，教师越来越年轻化，中青年教师所占比例正在不断增加；二是教师的职称水平上，高级职称水平正在不断提高；三是中青年逐渐担起各专业的学术骨干；四是师资队伍实现专兼职结合。

二、高职院校"双师型"教师队伍建设存在的问题

近年来,我国高等职业教育师资队伍取得较大进步,在规模、结构和整体水平上都有很大的提升。但不得不承认,高职院校"双师型"师资队伍建设还存在许多问题,许多方面的建设尚未成熟,现状不容乐观。

(一)教师层面

1. 观念态度问题

教师是联系学生与所学知识的桥梁,教师自身专业技能水平的高低直接关系到学生的培养质量。"双师型"教师是职业教育对从教教师的要求,为教师的专业化发展指明了方向。当前受各种因素的影响,教师对"双师型"教师建设重视程度不高,对"双师型"教师建设缺乏足够的认识,集中表现为:第一,观念落后。当前我国很多高职院校是在"三改一补"的基础上建立起来的,再加上"重文轻武"等传统思想观念的影响,很多教师在职业教育教学中比较重视理论知识的教授,普遍存在"重理论、轻实践""重知识的传授、轻技能的培养"的现象。这就导致教师对专业技能、实践能力提高的积极性不高;第二,态度不重视。职业教育是与经济社会紧密联系的教育,它有着鲜明的实践性、针对性、实用性。因此,教师传授给学生的知识、技能必须紧跟时代的步伐,必须教给学生某一岗位(岗位群)的新知识、新技能、新方法等。很多教师却以教学任务重、没有时间等为借口,在专业技能上缺乏不断进步、主动适应和精益求精的态度,最终导致教师专业技能不适应专业要求,影响了学生的培养质量,阻碍其向"双师型"教师的发展;第三,自我优势观念问题。自古以来教师职业被认为是高尚的、伟大的,教师也被誉为"人类灵魂的工程师",教师在历史舞台上始终扮演着受尊重、优雅的角色。这种几千年来的角色影响,使教师形成了一种自我优势,很难放下架子、丢下面子与一线劳动者打成一片,这严重影响着提高高职教师专业技能的重要环节——顶岗锻炼的实质性进展。

"双师型"教师的建设需最终落实到教师个体,只有充分调动广大教师的

积极性、主动性，正视其重要性，重视向"双师型"教师的发展，才能加快"双师型"教师专业技能发展的步伐，实现"双师型"教师建设的目标。

2. 专业素质问题

当前，普通高校毕业生成为高职院校引进新教师时的主要来源。一方面给高职院校带来了机遇，可以借此优中选优，选择大批素质较高的毕业生，使其成为"双师型"教师的储备人才；另一方面这部分教师直接由普通学校学生过渡成为职业教育教师，缺乏一定的专业工作经历，其专业技能水平较差，或是与企业技术相脱离。这部分教师与从企事业单位招进来的技术人才、业务骨干、管理精英相比较，在起跑线上已经落后了一大截，因此，对于他们的专业技能培养需要付出更大的代价。

3. 现实状况制约

高职教师的专业技能培训主要为脱产学习，其形式多为：高校脱产培训、培训基地培训、企业挂职锻炼等，这些培训方式往往要求教师集中一段精力和时间，进行一个阶段式的学习，而这往往与教师的日常教学工作相冲突。近几年，随着高校招生规模的不断扩大，在校学生人数大量增长，这大幅度地增加了教师的工作量。教师整日忙于应付日常教学任务，因而难以坚持进行专业技能的培养，如深入业务部门进行调研和顶岗锻炼等。教师轮训制度更是无法保证，教师也无暇经常参加工作实践并获取更多的新科学、新技术、新工艺以融入教学之中。因此，处理教师教学工作和技能培训的时间冲突是教师专业技能培养的一大难题。

（二）学校层面

1. 培训意识薄弱

我国大多数高职院校对教师的培训意识都较为薄弱，大多都只是停留在职前培训，而且比较形式化，对于在职培训更是少之又少。培训渠道单一，主要是国内的培训，而且较多针对学历方面的培训，对于专业技能的培训很少。同时，学校本身很少有专门的培训机构，难以制定相应的培训机制，较难拓宽培训场所、增加培训机会。此外，对培训成本的误解也直接影响了培训的开展，高职院校往往是能省则省，尽量减少需要较多精力和较大开支的技能培训。目前"双师型"教师的专业技能培训层次不高，专业性也不强，很难对口培训，这在一定程度上阻碍了专业课专任教师获取技术等级证书，从而难以达到"双师型"教师的准入资格。

2. 管理流于形式化

目前对高职院校教师专业技能的培养多采用校本培训、基地培训、顶岗锻炼等形式，高职院校对教师培训的管理比较简单粗放，强调自我管理的多，落实监督检查的少，重量不重质。有些院校虽有管理制度但形同虚设，对培养过程会提出要求，但往往较笼统含糊，不能有针对性地做出计划和安排；有些院校培养过程成了教师的个人行为，如由自己决定参加何种培训、决定顶岗的单位或岗位、培训期间的工作学习内容和方式等。学校初期缺乏组织、监控与指导；培训中期的检查管理不到位，致使形成"松散的结合体"；终期考核大部分流于形式，造成培训结果相距目标甚远，影响了教师专业技能培养的实效。而且，教师在专业能力培养之后，其培养结果评定、培训归来的对应使用方面没有得到很好的落实，在后续发展方面未能进行积极规划，长此以往所培养的教师专业技能也会渐渐丧失。

3. 激励政策不完善

人的行为具有动机性，激励的关键在于激发人做事的动机。"水激则石鸣，人激则志宏。""双师型"教师专业技能的发展除了教师自身的努力外，还需要高职院校制定相关的激励政策，如福利待遇、培训等。各方面完善的政策措施是推动"双师型"教师专业技能发展的外在动力。目前绝大多数高职院校制定了一些激励措施，但是制定针对"双师型"教师的专门化的激励制度的高职院校却不多，且对"双师型"教师的激励并没有与非"双师型"教师区别开来，很多学校实行统一的激励政策，其中还存在一些问题、制度激励柔性不足，按需激励亟待确立；制度激励不当，精神激励不够；过分考虑结果激励，忽视过程激励等。这导致了教师的满意度较低，缺乏提升专业能力的自主意识，不利于"双师型"教师的成长。完善的、令人满意的"双师型"教师激励政策是"双师型"教师发展的助推器，它能极大地刺激"双师型"教师的发展，提高"双师型"教师的发展速度。

4. 考评体系不科学

高职院校在引进人才时，往往重视高学历、高职称，很少有"高技能"方面的考量。在现行教师考评体系中，由于缺乏适合高职教师特点的国家标准，对"双师型"教师素质的认定也没有权威标准。因此，目前多数高职院校沿用普通本科院校或研究型大学的标准来对高职教师进行考核评定，尤其是在教师职称的评定上。这样的政策导向无疑使教师重科研轻教学、重知识轻技能。

随之而来的是在滞后的人事政策的导向作用下，高职院校对教师应用性的科研成果的关注度普遍较少，考评体系中往往只关注教师在核心期刊上发表文章的数目、开展项目的多少，并不对其内容能否应用于实际生产进行考核，偏重强调高职教师的科研应当侧重于应用研究，在提高自身专业技能的同时，为企业解决技术难题，开发新技术新工艺，而不是进行学术性的基础研究。但由于横向项目的价值认定困难，与现有科研成果统计口径不对称，有些学校对教师从事横向课题的研究并不十分鼓励，其成果甚至不能列入职称评审、教师考核体系的范围，因此，政策的导向造成教师缺乏进行应用性研究的热情和提高自身专业技能的动力。

5. 服务企业能力不足

目前，与企业的合作在对于"双师型"教师专业技能的培养方面占据了很大的部分。在当前校企合作促进职业教育内涵发展的进程中，普遍存在着学校一方"热"，而企业积极性不高的现象。建立一种稳定的校企合作关系，要求高职院校要不断提高各方面的综合素质，只有不断提高服务企业的基础能力，才能保证校企合作畅通无阻。

企业希望高职院校有一支高素质的师资队伍，有符合行业、企业要求的专业课程，有能够适应企业岗位需求的毕业生。在校企合作中高职院校和企业的地位是平等的。如果一方实力太弱，则这种合作关系就无法维持。

企业与学校合作的目的是借助职业院校的优势资源解决企业的技术难题，对企业内部员工实施培训。但高职院校服务社会的基础能力严重不足，其具体表现在：一方面，大多数高职院校实习、实验条件差，教师科研能力不高，学校在校企合作项目中难以给企业带来直接的、有用的帮助；另一方面，当前高职院校教师数量少，教学任务重，压力大，没有时间也没有精力深入企业实习、锻炼，更没有机会参与企业的生产、经营，为企业提供相关的支持和服务。

此外，高职院校输送的毕业生不能满足企业需求，这必然影响企业参与职业教育的积极性。职业教育由于自身服务能力差，对企业帮助不大，使得企业难以在这种合作中获益，企业对于校企之间的合作不够积极，这阻碍了"双师型"教师专业能力的培养。

（三）企业层面

1. 缺乏责任感

与职业教育发达国家相比，我国职业教育起步较晚。在其发展之初，就存在着种种先天不足。我国职业教育可以说是一种"内生设计型"职业教育，即主要依靠政府的力量实现自身飞速的发展。企业在职业教育中的作用依旧没有得到充分的实现，然而，职业教育的发展离不开企业的支持，职业教育教师队伍的建设亦离不开企业的参与。

综观我国职业教育的发展，企业在当前师资建设中的作用并不明显。企业作为一种盈利性经济组织，以追求经济利益为主要目的；而职业教育的本质在于准公共性质，以培养人才为其目标。企业与职校合作时，首先考虑的是这种合作能否给自己带来利益，这种利益是直接的还是间接的。参与职业教育等于把钱花在公共利益上，这必然会影响企业利润目标的实现。校企之间的这种合作一旦对企业的生产运营带来威胁，企业则毫不犹豫地终止这种合作。企业仅仅把眼光放在短期、近期利益上，缺乏长远眼光。有的企业甚至把教师、学生的实习看作解决自身"用工荒"的一种手段。校企双方在利益追逐上的分歧使得企业参与合作的积极性不高，企业参与职业教育成为可有可无的自愿行为。企业承担具有公益性质的校企合作责任与企业自身利益最大化的理性"经济人"目标存在冲突，这种冲突有时很难调和甚至不可调和。除此之外，企业对校企合作所作出的贡献得不到社会认可，企业在这种合作中的付出得不到相应的利益补偿也成为企业参与性不强的原因之一。

2. 顶岗锻炼落实不到位

专业技能是需要不断更新的，是动态发展的，为了培养迅速掌握高新技术、融入高科技发展行业的技能型人才，"双师型"教师必须掌握最前沿的技术。但在顶岗锻炼时，由于企业本身是以盈利为目的的，教师的顶岗不能给其带来任何经济效益和技术指导。相反，企业还得派师傅或技术骨干无偿培养教师，一旦培养成功，教师又不可能长期为企业所用。这对企业来说是不划算的，因此企业对教师的顶岗锻炼没有诚意，只是敷衍了事。最终，教师得不到企业的支持，顶岗锻炼只能停留在实习单位和实习师傅的确定、电话沟通、实习过程材料的搜集整理、实习汇报总结等表面文章上。而还算有意义的也就是进厂走走、看看、转转，熟悉一下工作环境和工作流程，了解一下关键性的工作步骤，以便汇报总结，而企业惧怕技术的流失，甚至可能连生产工艺都不愿意让顶岗教师接触，导致教师没有实质性地进行岗位操作、体验，接触到的技术含金量较低，成为走过场、搞形式，教师专业技能的提高也无从谈起，最多是开阔眼界而已。

（四）政府层面

校企合作共建、提升"双师型"教师专业技能是目前"双师型"教师培养的有效途径，也是经济发展对职业教育提出的客观要求。这种合作是企业、高职院校两种不同的利益主体，在各自不同利益的基础上进行的合作。学校和企业处于这一矛盾统一体的两端，不可避免地存在着矛盾，仅依靠双方的自由合作，无法保证其长期性、稳定性。因此，政府必须以强有力的第三方介入，并对其进行统筹、指导、协调和监督，为合作提供最基本的保障。在学校与企业的合作关系中，双方是相互合作、相互服务的关系。这种合作的持久、稳定需要双方均获利。如果某一方利益受损，合作就会中断。尤其是企业作为对市场适应比较敏感的一方，其生产技术、生产方式会随着市场的需求不断调整。而学校在人才培养方面的周期性较长，适应市场能力较弱。一旦学校不能为企业提供适应的人才，企业为自身利益考虑则会终止与学校的合作。因此，为保证校企合作的顺利进行，需要政府在合作中进行统筹协调。由校企之间的合作，变成政府、高职院校、企业三方的互动，政府在这种合作中为学校、企业提供一切可能的服务、支持，保证校企合作的稳定性。

政府在校企合作中发挥着不可替代的作用。当前我国政府在合作中职能的缺失成了合作不稳定、不深入的主要原因。

1. 政策法律不够健全

政策法律的不健全使校企合作缺少良好的合作环境。由于校企合作双方主体利益的不同，因此要实现合作，需要政府制定明确的政策法律，明确各方的责任、义务、权利等。德国"双元制"校企合作成功的主要原因就在于政府完善的法律约束与协调。在德国，政府制定了整套完善的职业教育法律体系用以规范职业教育，并对企业、学校、学生三者的义务、责任做了明确的规定，如《职业教育法》《青年劳动保护法》《劳动促进法》《手工业条例》等。我国制定的法律不仅不完善，而且即使已经制定出的法律、法规大都停留在文字层面，可操作性不强。绝大多数地方政府对校企合作重视不够，法律、法规的制定比较滞后，更没有对违反合作的行为制定切实可行的处罚性规定。法律的约束与激励作用效果不大，对校企合作的影响不够。

2. 宏观调控能力不足

在校企合作中，各级政府职能部门的宏观调控能力有待加强。政府尚未建立专门的校企合作协调机构，负责设计、监督、考核和推行校企合作。各级政府在制定技能型人才发展规划等方面也没有发挥应有的作用，导致人才培养上的"盲人摸象"。因此，职业教育的发展需要政府建立健全校企合作的长效机制。

另外，我国的高等职业教育跟发达国家相比起步较晚，教育基础薄弱，而高等职业教育本身的特殊性，在实践练习、技能培训等都需要投入大量的资金。综合研究发达国家高等教育一些先进事例，高等职业院校不仅需要从政府的投入获得资金，而且更需要通过自身的办学、培训等增加资金，因此，各高职院校急需政府给予相应的政策保障。

第三节 "双师型"师资队伍培养途径和模式

一、"双师型"师资队伍培养途径

（一）自主学习发展途径

高职院校"双师型"教师培养既要有良好的外部条件，更应重视教师内因的激发，突出教师的内在价值和需要，发挥教师个体在"双师型"过程中的主观能动性，调动教师自我发展，追求卓越的积极性。尤其应提倡教师自身的反思性学习与研究，因为反思有助于教师把自己的经验升华为理论，有助于教师获得专业自主。没有反思的经验是狭隘的经验，至多只能是肤浅的知识，教师只有善于从经验反思中汲取教益，才能不断改进。师资培训只能教授教师的本体性知识（学科知识）和条件性知识（教育学、心理学、学科教学论等），而"双师型"教师的实践性技能需要教师在专业实践与理论学习中生成与发展。"双师型"教师应结合教学工作和专业实践，学习新理论和新技术，不断完善自己的知识结构，提高专业技能水平，促进专业技术的不断完善。

教师的自主学习优点在于能克服以往"双师型"队伍建设培养成本高、周期长的弊端，容易贯彻"缺什么、补什么"的原则，体现工学结合的特点，做到培训与教学以及科研紧密结合，避免理论与实践的脱节。专业教师经过长期的自我学习和训练，掌握系统的专业理论和技能，其成果可直接转化成教师的教育教学能力，尤其能促进实际技能与理论教学双重能力的共同提高。

在自主学习模式中，不同的教师有不同的需求。学院应尽量满足这些要求，对需要提高学历的实践课教师，除给予一定的资助外，还应在保证教学的前提下，尽可能给予其时间上的照顾；对需要提高实践能力的理论课教师，要鼓励他们参与实训教学条件的建设、改造和更新，参与实习教学的整体过程。通过实践活动，提高技术转化、推广和应用的综合能力。无论是理论课还是实践课教师，都要组织他们开展有关项目的科技研发活动，承担产品设计、工艺革新和技术咨询等工作，提高他们的专业理论水平，培育他们的专业情感，形成技术应用能力、科研能力、工程实践能力与创新能力，促进"双师型"素质的形成。此外，还要支持教师参加相关行业的资格证书培训和考试，对取得各类职业资格证书、执业资格证书和职称资格证书的教师在培训考试费用上给予报销。

（二）生产实践训练途径

当前高等职业院校教师普遍缺乏企业实际工作环境的熏陶，缺少企业的实际工作经验，缺少对企业最新技术和工艺的了解。通过生产实践训练，能弥补教师在这些方面的不足。因为生产实践训练加强了教师与企业技能人才的联系，促使教师深入生产第一线以更好地掌握专业技能。因此，生产实践训练是培养"双师型"教师很重要的途径。

生产实践训练不仅能提高教师的实践能力，而且还能确保教师教育教学水平与日俱增。高等职业教育是高等教育的重要组成部分，理应为区域经济建设、科技发展和社会进步做出自己的贡献。高等职业教育教师是高等职业院校科技服务的主力军，必须具有在经济建设服务中学会服务并不断提高水平的能力。科学技术迅猛发展，新技术、新工艺、新材料不断涌现，生产设备和产品不断更新，新技术从发明到应用的时间也越来越短。无论是参加过专业培训的教师，还是从生产一线引进的教师，若长时间囿于校园，限于课堂教学，势必会知识陈旧，实践能力退化，难以适应高等职业教育培养目标和发展的需要。这就要求高等职业教育教师特别是专业课教师要经常地参加科研、生产和社会实践，接触实际，继续学习，积累新的经验，不断提高自己解决实际问题的能力。

高等职业教育培养的是应用型、实用型人才，因此，指导学生进行实际专业操作和解决实际专业问题，是高等职业教育教师最主要的教学内容。学习操作与学习理论不同，学习操作首先表现为动作模仿，而学生模仿的好坏主要取决于指导教师操作动作是否规范。另外，学生在实际操作中遇到困难时，需要指导教师为其提供参考建议，以便学生自行摸索和创造新的解决方案。教师要想高质量地完成这项工作，必须具备非常熟练地进行实际操作和指导学生解决问题的能力。

要提高"双师型"教师的职业能力，一方面，要求专任教师定期到企业挂职或顶岗锻炼，例如一个职业院校可以联系多家固定企业，每五年安排不少于半年的时间到生产和管理第一线参加实践，学习新知识和新技术；另一方面，要求指导企业的技术革新，产学研结合，了解相关企业在市场中的实际情况，为企业提供综合分析报告。

高职院校经常主动与企业建立联系，确保教师能够经常到企业工作和学习，及时熟悉和掌握企业生产和工艺过程的特点，以及正在发生的变化，不断学习和更新知识。教师通过在企业工作，了解企业生产过程中存在的问题与困难，帮助企业解决这些问题，可以提高教师研究、分析和解决问题的能力，积累丰富的实践经验，提高教学水平。同时，有条件的高等职业院校应敞开大门，利用自身在设备、场地和人员上的优势，建立以生产为主导的校内生产性实习基地，广泛吸收生产、服务、管理一线熟谙专业技能且适合教师岗位的专门人才。这不仅可以充分利用教育资源，缓解人员压力，还可以把生产、服务、管理一线的成功经验引入课堂和实训环节，从而带动高等职业院校教师队伍的发展和建设。

（三）社会服务拓展途径

高等教育的功能是教学、科研和社会服务，高职院校作为高等教育机构，以直接为社会经济发展服务、为产业部门培养各类劳动力为办学宗旨，与普通高等教育相比，其服务社会的功能更为突出。提倡和强化高职院校教师积极投身于社会服务，对提高高职院校教学质量有着积极而又重要的意义，这也是提高教师专业技能的重要途径。

新的历史条件下，高职院校的教师不再是传统的"知识传递者"，也不再是知识权威的代表。他们不仅要有知识，为所有学生提供高质量的教学，更重要的是要有将知识转化为实践技能的经验和能力。高职院校的教师必须保持自主探索精神，具备丰富的专业实践技能，能够迅速且有效地对社会和市场变化做出反应，并有能力转化科研成果，承担企业和社会的课题研究及服务项目。显然，这样的角色转变单靠政策引导、机制转变来实现是远远不够的。应该把树立教师"自我更新"的专业发展意识作为改革发展的关键，这是一种主观的、更为持久的动力，也是教师专业水平发展的标志。高职院校"双师"教师专业技能的成长是内外多种因素相互作用的结果，教师的主动发展是核心和关键，主动提高社会服务能力，应成为教师专业技能发展的"一种日常生活样式"。高职院校教师要有"自我更新"的专业发展意识和自我反思的实践意识，适应不断变化的社会，丰富职业生涯，自觉保持同行业企业的合作关系，使社会服务成为其职业技能发展的支点之一。

二、"双师型"师资队伍培养模式

（一）校本培养模式

目前高职院校多数专业理论课教师都是普通高校毕业的本科生、研究生，他们专业理论基础扎实，具备当职业学校教师的基本条件，但缺乏行业实践经验，这就需要积极支持他们充分利用校内实验、实习、实训设施，进行专业实验、生产操作等基本技能训练，支持他们参加相应的职业资格证书考核，为提高专业技能奠定坚实基础。因此，高职院校在培养"双师型"教师专业技能方面，要在建立校企合作长效机制的同时，积极拓宽教师专业技能校本培养模式和渠道。

从历史上考察，校本培训作为一种实践活动并非新鲜事物，它可以追溯到由来已久的教师培养艺徒模式。校本培训（School-based in service training），按照欧洲教师教育协会1989年的界定，指的是源于学校课程和整体规划的需要，由学校发起组织，旨在满足个体教师的工作需要的校内培训活动。它既可以在整个学校层面上进行，也可以在部分部门或某一科目进行，同时还可以是两三所学校间相互合作地进行。如19世纪德国教区学校的教师训练、英国的教生制。1944年《麦克奈尔报告》建议中小学教师在指导和管理师范生方面应负起责任；1972年《詹姆斯报告》指出，在职培训应始于学校，每一学校都应将其教师的继续培训视为其任务的一个必要部分，学校的每一成员都要对此负起责任。在20世纪70年代中期，英、美等国家认识到教师的专业能力主要是在教学实践岗位中逐步形成并发展的，教师任职的学校是其专业成长的主要环境．于是，逐渐形成了以学校为中心的教师在职培训模式。20世纪80代一些学者进一步对此进行了理论上的探索，如哈格里夫斯（Hargreavs）根据医学培训中的实习医院建议建立教学学校（teaching school）、瓦诺克（Baroness Warnock）提出了教师指导者的角色概念。1986年，牛津实习期的计划——"良师计划"首创了教师训练的伙伴关系。从那时起，校本教师教育开始大规模兴起。

校本教师教育在西方国家产生的主要原因有以下四点：

第一，20世纪六七十年代发达国家政治上的民主化运动使学校和教师获得了更多的教学自主权，教师和学校对教育改革有更多的发言权。

第二，传统继续教育中理论与现实的严重脱节使教育的理论研究者和实践者都渴望在教育理论的研究与实践之间寻找一种融合，使理论的研究能获得丰富的实践经验的支撑。

第三，教师教学实践的复杂性使传统的、脱离教学实践的教师难以通过继续教育有效地改进教师教学质量和提高教师的实践技能。

第四，以往通过高等院校开展教师培训所引发的诸多问题，如工学矛盾突出、经费开支过大、受训面积有限等，也促使培训的研究者不断探索新的培训模式和途径。因此，教师继续教育从校外转向校本也就成为必然。

我国教育界一般认为校本培训是在开展继续教育工作中，以教师任职学校为主阵地，以教师互教互学为基本形式，在岗业余自学的一种进修模式。在教师专业化发展的进程中，教师在教育实践中的主体地位和主体作用越来越受到重视"终结式"师范教育走向终结、"发展性"教师教育正在发展，教师的在职培训和继续教育成为发展性教师教育不可或缺思想的影响。校本培训的理念替代传统的教师培训已成为国际趋势。发达国家普遍认为学校既是学生学习场所又是教师发展场所。教师专业化发展的国际趋势和教师校本培训潮流对高职院校教师培训提出了严峻的挑战，也为高职院校"双师型"教师的校本培训提供了广阔的背景。

我国的国情决定了各职业院校本身是"双师型"教师培养的主战场，现实也表明了我国职教师资的培养方式以职业院校培养为主。聘任"双师型"教师是职业学校的权利，培养"双师型"教师是学校的义务。高职院校在"双师型"教师培养建设中发挥了"校本"培养的主导作用，教师在各高职院校营造的"双师型"培养氛围下，自觉提高自身双师素质。

学校制定政策、学校提供培训、学校联络实践企业是校本"双师型"教师专业技能培养模式的重要特征。这种模式的主要优势在于：培训内容和形式根据本校教师的特点来编制设定，培训目标明确具体，培训工作与日常工作密切结合，培训地点在校，培训时间与工作不冲突，培训成果及时体现在教师的工作之中。便于充分发挥教师个人与集体等多方面的作用，使院校成为开放的"学习型组织"。

首先，高职院校可以立足于自身专业发展的现状与实际，制定"双师型"教师培养的具体政策、制度等。

与发达国家相比，我国的高等职业教育起步较晚，近几年才被各方重视，并有蓬勃发展之势。高等职业教育不是一种教育层次，而是一种教育类型，它不同于普通专科教育，也不是本科教育的压缩或中专教育的延伸，它的发展应该具有自己的特色。在这种情况下，高职院校要想立于不败之地，必须办出自己的特色，找准自己的位置，这样才能拥有自己的发展空间。可以说，特色是高职院校生源的保证，是高职院校生存的依赖与发展的希望，没有特色，高职院校的发展无从谈起。由于校本培训立足于学校的现状与实际，旨在对学校优势专业的张扬与劣势专业的弥补上，以打造学校自己的办学特色，因此校本培训目标的制定和内容的安排完全是以学校长远发展的需求为取舍的依据。由此可以看出，校本培训正是形成学校特色、提高学校持续发展能力的最佳途径。高职院校可以依据自身专业发展的需要，科学规划"双师型"培养考核制度制定、培训资金安排以及"双师型"政策导向。

其次，学校安排教师进修的相关计划。学校对于有"双师型"意愿的教师，每年按照职教师资培训的各种方式和方法，实施教师轮训，周期为3—5年。进修的类型根据受众的不同，分为国家级培训（专业骨干教师理论培训、特聘或兼职教师理论培训等）、省级培训、市级培训、培训基地（校本）培训等。

再次，学校为教师联系实践进修的企业和场地。学校根据各专业的性质以及教师群体的特点，为教师联系实践教学的场地以及实践培训的企业。如浙江经济职业技术学院，每年由学校出面联系5—8个企业，为教师提供1—2个月的实践培训机会。

最后，学校通过绩效考核和制度约束，引导教师积极参与到"双师型"能力培训中来。

（二）校企合作培养模式

我国职业教育起步较晚，各地区之间职业教育发展不均衡，各职业院校办学水平、办学条件参差不齐。面对职业教育事业的快速发展、高职"双师型"教师的旺盛需求，仅仅依靠职业技术学院自身以及综合性大学的职教师资培训，"双师型"教师培养明显力不从心，培养规模无法满足目前高职院校对"双师型"教师的大量需求，进而会出现教师专业实践技能、指导能力不强等问题。职教师资培养的方式多种多样，其中开展校企合作，发展校企合作培养模式是最直接有效的途径。

职教教师只有到生产第一线了解情况，积累实训教学技能，改善专业知识和专业技能结构，才能不断地补充和完善自己。学校与企业的结合可以缩短教育与社会、理论与实践的距离，不仅对校内教师的实践能力起到指导和帮助作用，也可以提高企业职工的素质，丰富企业文化，产生了1+1>2的效果。

目前运用这一模式的学校较多，范围也较广，概括而言，是"教学在学校、实践在企业、教师在流动"的模式。

具体说来，即在师资培养机制上，"双师型"教师的理论教学或者其自身的理论培训主要在学校进行，或者依托学校联系的培训基地开展。这类教师的实践教学或者其自身的实践培训直接在企业或者工厂车间进行，教师直接参与到企业生产工作一线中去。同时，对教师岗位也进行了一定程度的流通，学校根据专业性质，面向行业、企业和生产一线，聘请专业技术人员或者能工巧匠到高等职业院校担任兼职教师，引导本校教师听课学习，提高教师的"双师型"素养和能力。企业除提供实习基地、设备、原料外，还应派人员指导学校的专业教学，共同制订"双师型"教师培养方案，共同开发相关课程，共同组织科技生产攻关，共同组织生产性实习。解决高职院校"双师型"教师培养中设备条件有限、指导技术力量有限的矛盾。

高职院校教师到合作企业从事生产实践、技术开发、产品设计等工作，能够熟悉企业的生产环节和操作工艺，了解最新的技术信息，并且有机会向经验丰富的相关技术人员请教，开阔理论视野，提高实践能力，促成教师由单一教学型向"双师型"人才转变。利用大中型企业先进设备和真实生产管理环境对高职教师进行有偿培训是一种可以选择的校企合作形式。

高职院校还可以利用自身科研技术优势选派教师主持或参与企业生产、建设、管理、服务中的应用技术研究，先进技术推广或科技攻关，技术改造以及新产品、新工艺的研发等。根据国家发展职业教育的政策要求，专业教师每两年必须有两个月到企业或生产服务一线实践。只有这种在真实岗位条件下提升教师专业实践能力的培养模式，才能培养出真正意义上的"双师型"教师。

过去，我国的职教师资培养模式具有主体学校化的倾向，忽视了职教教师的特征，使得教师的质量达不到现实的要求。我国职教教师教育的培养目标，即"双师型"教师，必须具有对生产现场各种状况进行应对的能力，这些能力只有通过学校（包括开展职业教师教育的高等教育机构和职业院校）与企业"双主体"的合作，进行实地锻炼与培养，才能到达"双师型"教师的素质。根据我国职业教育发展的现状和特点，本书认为，应建立以学校与企业为主体，其他机构共同参与的、多元共生的、"校企合作"的职教师资培养方式。

（三）政府主导培养模式

为了提高"双师型"素质，很多院校采取如订单式培养、教师顶岗、教师带领毕业生驻厂实习等措施，但效果并不明显。实际上，"双师型"教师的培养并非仅仅局限在学校和企业两者之间，还牵涉主管机关和行业组织等。因此，理清培养"双师型"素质的思路，积极发挥政府职能部门、行业组织的重要作用，发展政府主导下的高职院校"双师型"教师专业技能培养模式显得尤为重要。例如由教育部和各地教育行政主管部门牵头，联合高职院校和大型企业，共同建立国家级高职师资培训基地，有针对性地开展高职院校师资队伍"双师型"专业技能培养。在建立"双师型"素质培养基地的过程中，政府职能部门发挥着指挥和控制的作用，就像"人"的大脑，监管、指挥、协调、引导着这个基地建设的重要程序。因此，建立政府主导的"双师型"培训基地的第一步是政府主管部门牵线搭桥，制定相关政策和制度。高职院校"双师型"教师的培养必须要有制度支撑，制度应该由政府主管部门、行业相关组织、企业和院校共同协商制定。一个良好的制度能够规范各方的权利和义务，协调各方的利益关系，如明确的定义、各方的职责、反馈机制、财政制度、设备投入和使用制度、企业导师制度以及教师在企业进修的考核标准等。只有多方参与制定的制度，才能保障制度有效实施。

教育部高等教育司为了加快高职院校"双师型"教师队伍建设，已主导建立了天津、上海等多个全国高职师资基地，旨在提高教师的高等职业教育理论水平、专业基础理论、实践能力与专业技能、现代教育技术应用水平，为中、高等职业教育师资的培训提供一个相对稳定的支撑体系。目前，我国政府主导建设的职业教育师资培养培训基地已经发展到五十多所高等职业院校和几十家企业实训基地。这些基地拥有相关的实训环境和条件，教师可以得到职业技能的专门培训，这也是"双师型"教师专业技能培养的又一个重要途径。

由于政府主导下的培训基地能结合高职教育的特色，有针对性地设置培训项目，成为高职院校教师培训的有效途径，双师素质培训效果极其显著，已经得到高职院校的高度肯定。

（四）中外合作模式

近年来，行业联系密切的高等职业院校与国外联合办学，教师到国外参加职业培训越来越多，部分发达地区的高等职业院校已率先进行了此类工作。中外合作的"双师型"培养模式主要是通过建立中外合作办学的中心或基地，将合作项目的教师送到国外职业教育机构或者国际先进企业进行培训，培训的内容包括语言能力、国外专业实践技能、属外专业理论研究等。这一模式的培训内容相较更为丰富，加入了语言和课外知识的部分，对于"双师型"教师的培养也更为全面，但是要求也往往更高。

此外，国外教育机构也在我国开办学校和职业培训机构，教师不出国也可以接受世界先进技术培训，获得相应职业资格证书，对于培养具有国际意识和国际竞争力的人才十分有用。随着科学技术国际交流的不断加深，师资培养的国际合作也在逐步扩大，国际化有利于教师拓宽视野，掌握先进的科学技术和教学理念，提升专业教师国际化教育理念与教育教学能力，获得跨文化的国际交流合作经验与能力。通过国际合作联合培养，学习国际先进的教育教学理念，提高教学质量与水平，特别是充分利用国外先进的实习设备与条件，提高高等职业院校教师队伍的业务水平与教学能力，培养了解最先进的专业知识和技能，能够适应经济全球化需要的教师队伍。

随着经济全球化和信息化时代的到来，国际化高等教育发展迅速，形式日益多样，中外合作办学已日益成为我国高等教育的重要组成部分。在高等教育大众化和国际化的背景下确立新的人才观和质量观,整合、利用国内外优质教育资源来为我国的高等教育现代化服务,构建适应时代发展需要的"双师型"教师人才培养模式,是当前我国职业院校需要重点考虑的问题。国外的职业教育虽然没有"双师型"教师这样的名词,但名称不同、内涵一致的词汇是存在的,其共同特点就在于对教师的专业实践经历、专业实践能力及相关执教能力都有严格的要求。各国在发展职业教育的进程中普遍重视教师的基本素质和实践能力。国内高职院校可以利用合作办学这一得天独厚的机会,参考国外的"双师型"鉴定制度,借鉴"双师"激励和培训机制,实地考察国外院校的合作企业和教学实习基地,在学习中探讨"双师型"教师专业技能的培养方法,建立一支适合我国国情的、高水准的、符合高等职业教育要求的"双师型"教师队伍。

参考文献

[1] 周建松，吴国平，陈正江. 创新发展高等职业教育：政策变迁与行动方略 [J]. 高等工程教育研究，2016（6）：158-163.

[2] 马腾. 高等职业教育改革创新发展的历程、要素与路径选择 [J]. 职业技术教育，2016：39-44.

[3] 李术蕊. 深化职业教育教学改革创新提高技术技能人才培养质量 [J]. 中国职业技术教育，2013（13）：19-27.

[4] 胡开明，陈建华. 高等职业教育改革创新探讨 [J]. 职业技术，2013（2）：65-66.

[5] 王涛涛，郑文. 创强争先建高地：广东高等职业教育教学改革与创新 [J]. 中国职业技术教育，2015（7）：5-10.

[6] 康萌，张炜晗. 基于移动学习平台的高等职业教育课堂教学研究 [J]. 内江科技，2022，43（5）：127.

[7] 张炜晗，康萌. 基于创新发展战略的高等职业教育课堂教学模式研究 [J]. 中国科技期刊数据库（科研），2022（6）：3.

[8] 阳军，曾帅，陈浩阳，等. 高等职业教育混合式教学模式改革与实践 [J]. 科学咨询，2022（23）：3.

[9] 刘海洲."任务驱动"教学法在高等职业教育中的应用 [J]. 2022（4）.

[10] 胡万达. 高等职业教育的教学特征与高职院校教学改革的策略 [J]. 重庆开放大学学报，2022，34（4）：3-14.

[11] 李佳佳，吕晶. 高等职业教育教学理念的比较研究 [J]. 今天，2022(21).

29-30.

[12] 谢凤静.高等职业教育教学模式研究综述[J].牡丹江大学学报，2022，31（4）：6.

[13] 王娟.教育改革背景下高等职业院校教学模式创新与发展研究[J].汉江师范学院学报，2022，42（6）：5.

[14] 潘竹燕.高职院校数学教学模式创新[J].黑龙江科技信息，2010（33）.

[15] 黄炳龄.行为导向教学法在高职实践教学中的实施与探索[J].教育与职业，2009（26）.

[16] 向丽.任务驱动教学法在地方本科院校《市场营销学》课程改革中的应用研究[J].市场论坛，2016（1）.

[17] 吕洪雁.情境模拟教学法在《财务分析》课程中的应用及探索[J].财会教育，2014，17.

[18] 梁珊.学校召开2021年度陕西高等职业教育教学改革研究项目开题评审会[J].陕西交通科教研究，2022（3）：59.